Le secret de la sirène

Catherine BARNOUD
Philippe BEDEL

Sommaire

☐ Avant-propos .... page 3
☐ Règle du jeu .... page 5
☐ Le Secret de la sirène .... page 7
☐ Faites vos jeux .... page 55
    Questions de bon sens .... page 56
    Jeux de société .... page 59
    Sur le bout de la langue .... page 75
☐ Solutions .... page 83
☐ Lexique .... page 89

Déjà paru :

Imaginez-vous... à Paris

Une actrice a disparu

Conception graphique : J. Przybyszewski
Dessins : J. Mineraud

ISBN : 2.01.013619.5

© HACHETTE 1989, 79, boulevard Saint-Germain - F 75006 PARIS

Tous droits de traduction, de reproduction et d'adaptation réservés pour tous pays.
La loi du 11 mars 1957, n'autorisant, aux termes des alinéas 2 et 3 de l'Article 41, d'une part, que les « copies ou reproductions strictement réservées à l'usage privé du copiste et non destinées à une utilisation collective », d'autre part, que les analyses et les courtes citations dans un but d'exemple et d'illustration, « toute représentation ou reproduction intégrale ou partielle, faite sans le consentement de l'auteur ou de ses ayants droit ou ayants cause, est illicite » (alinéa 1er de l'Article 40).

Avant-propos

La lecture, en langue étrangère comme en langue maternelle, se développe toujours selon deux lignes parallèles. D'une part, le recours aux textes classiques, dont la consommation est de plus en plus forte, malgré les dires ; d'autre part, l'usage des formes modernes du récit, c'est-à-dire, au fond, l'adaptation des textes aux moyens par lesquels ils se diffusent. On a parlé, à propos de Faulkner, du surgissement de la tragédie grecque dans le roman policier. Le succès des récits du genre « jeu de rôles » permettrait de souligner le surgissement de la technologie dans la littérature.

L'histoire qui suit voit son suspense accru par le découpage du texte en lamelles emboîtées. Le lecteur choisit lui-même la manière dont il consomme ces divers morceaux du gâteau textuel. À chacun son propre chemin de lecture. Cela fait longtemps que les pédagogues les plus dynamiques recommandent cette autonomie de l'apprenant.

Vous recevez un héritage dont vous ne savez rien, sauf qu'il se trouve quelque part en Bretagne. À vous de le chercher ! Vous ne le trouverez pas en lisant linéairement, comme d'habitude. Le trouverez-vous en lisant le récit en pièces détachées ? En démontant et remontant le mécanisme mis en place par les auteurs ? Là est justement l'énigme.

Chemin faisant, vous aurez l'occasion de faire connaissance avec la Bretagne. L'histoire se passe en effet dans cette région, en vraie grandeur.

Chaque élève lira seul le livre, par définition, puisque, à chaque paragraphe, le lecteur choisit librement sa voie. C'est l'exercice même de la lecture active. Ensuite, quand chacun aura lu, il sera possible et souhaitable que les lecteurs (élèves) discutent entre eux pour confronter leurs points de vue, échanger leurs impressions, commenter leurs choix.

Les auteurs, soucieux aussi de l'enseignement pratique, proposent à la suite du texte **un supplément pédagogique**, léger, astucieux, plein d'utilité. Travail de compréhension de ce qui a été lu, questions de vocabulaire et de grammaire, jeux de vérification (ou d'apprentissage...) des connaissances usuelles en civilisation, tout y est. Ce sont des exercices uniquement, avec leurs consignes et leurs modes d'emploi, c'est-à-dire ce dont on a toujours besoin dans une classe. L'apprenant solitaire, le lecteur, peut lui aussi les faire, ces exercices : ils sont conçus pour être employés en n'importe quelle circonstance (pédagogique ou non). Les solutions sont ensuite données.

Enfin, **un lexique** est fourni, justement pour faciliter la lecture sans briser le charme du récit. (Les mots expliqués sont signalés dans le texte par un astérisque : *.)

Apprendre en se distrayant, se distraire en apprenant, tel est le programme.

À vous, maintenant, le plaisir d'imaginer.

Louis Porcher

Règle du jeu

Pour mener à bien la lecture de ce livre, il vous faut connaître les règles essentielles du jeu. Vous, lecteur ou lectrice, serez vous-même le personnage principal : imaginez-vous en train de mener l'enquête, interrogeant des personnes aux quatre coins de la Bretagne...

Vous êtes la seule personne à recevoir l'héritage de Jean-Jacques Louvet de la Barre, corsaire breton mort pendant la Révolution française. Mais cet héritage est très bien caché et, pour le retrouver, il vous faut découvrir le « secret de la sirène ».

Comment jouer ? C'est très simple. Chaque chapitre est numéroté et vous devez lire le chapitre auquel vous êtes renvoyé(e). Si vous avez plusieurs chemins possibles, vous devrez choisir celui qui vous paraîtra le meilleur pour aboutir dans vos recherches.

Par exemple :
> **Vous décidez d'aller au cimetière ■ 54**
> **Vous préférez visiter l'île ■ 71**

Selon votre choix, vous continuez la lecture par le chapitre 54 ou le chapitre 71 : vous décidez ainsi de la suite du récit.

Il est essentiel que vous lisiez exclusivement le chapitre auquel vous êtes renvoyé(e) ; si vous ne respectez pas cette règle, le texte perdra tout son sens et l'intérêt du jeu sera diminué.

Les lieux que vous visiterez et les personnes que vous rencontrerez ne vous feront pas toujours progresser dans vos recherches. Il est possible que vous suiviez de fausses pistes ; dans ce cas, il vous faudra revenir en arrière et emprunter des voies que vous n'avez pas encore explorées. Pour cela, équipez-vous d'un papier et d'un crayon et notez les numéros des chapitres que vous avez lus. Plusieurs tentatives seront donc nécessaires pour découvrir le secret de la sirène.

N'oubliez pas que les mots signalés par un astérisque (*) sont expliqués dans le lexique page 89.

Toute ressemblance avec des personnes existant ou ayant existé ne serait que purement fortuite.

Prologue

Ce matin-là, vous étiez loin d'imaginer la surprise qui vous attendait dans votre boîte aux lettres. Qui sait ? Peut-être auriez-vous mieux fait de ne pas ouvrir cette enveloppe. Elle portait un timbre français et le cachet* de la poste était de Ploërmel, en Bretagne. Vous l'avez ouverte et vous avez commencé par lire l'en-tête* de la lettre :
          Maître* Julien Moreau
          78, rue Jean-Bart
          56800 PLOËRMEL
          Tél. : 97.01.15.99
Aujourd'hui, vous connaissez la lettre par cœur* : vous l'avez lue au moins dix fois. Pourtant, pour vous assurer que vous n'avez pas rêvé, vous la relisez une fois encore : rendez-vous au chapitre 1.

Le secret de la sirène

1

« **J'ai** l'honneur de vous apprendre que vous êtes l'unique personne à hériter* de Jean-Jacques Louvet de la Barre, né à Ploërmel le 17 décembre 1748 et mort à la prison de Saint-Malo le 18 août 1792. Cet héritage se trouve dans une enveloppe scellée* que je dois, selon sa volonté, vous donner* en mains propres. Je vous serais reconnaissant de bien vouloir vous présenter à mon bureau, afin que je vous remette cette enveloppe. Si vous renoncez à votre héritage*, celui-ci sera détruit.
Je vous prie d'agréer l'expression de mes salutations distinguées.

J. Moreau »

Une fois de plus, vous vous demandez qui a pu vous faire cette blague.
Vous remettez la lettre dans votre poche ■ 13
Cette fois, vous la jetez dans la corbeille à papiers ■ 136

2

Le prêtre accepte. Il vous fait visiter l'église :
« Cette ancre* de marine, le grand tableau près du bénitier*, les coquillages dans la vitrine, tous ces objets lui appartenaient. Si vous étiez venu(e) il y a quelques mois, vous auriez pu voir une petite sirène en terre cuite. »
Avez-vous bien entendu ? ■ 83

3

Cette porte s'ouvre sur une pièce très sombre. Vous ne trouvez pas l'interrupteur, mais un minuscule soupirail* éclaire faiblement la pièce. Vous avez une boîte d'allumettes dans votre poche.
Vous grattez une allumette ■ 35
Vous préférez ouvrir l'autre porte du couloir ■ 33

4

« **Si** cette sirène avait été l'original*, vous seriez moins ironique !
— C'est vrai, je suis désolé... Votre attitude a été héroïque* ! »
Le directeur se met à rire. Vous êtes vexé(e) par ce comportement mais vous retrouvez votre calme :
« Est-il possible de voir la statuette ?
— C'est absolument impossible, elle subit un traitement. Personne ne peut la voir avant quinze jours. »
D'ici là, vos vacances seront terminées ! Vous avez perdu.
Fin

5

Totor a l'air désolé, mais il ne vous en veut pas :
« Nous avons été heureux de faire votre connaissance. Revenez quand vous voulez, vous êtes ici chez vous. »
Vous remerciez Totor de son accueil et vous partez.

Vous retournez à votre hôtel ■ 120
Vous allez déjeuner dans un café ■ 168

6

Vous traversez une partie de la Bretagne en train pour aller à Dinan. L'historien, Pierre Lebihan, est un homme du même âge que le notaire ; vous lui exposez le but de votre visite :
« Voilà, ça va peut-être vous surprendre, mais je cherche des renseignements sur Jean-Jacques Louvet de la Barre, un Breton mort il y a deux siècles.
— Ça risque d'être difficile, mais on peut essayer. »
L'historien vous demande de l'attendre et il passe dans la pièce voisine. Vous l'apercevez sortir de lourds dossiers de sa bibliothèque ; il feuillette* des centaines de pages et finit par vous dire :
« Je suis désolé, mais je crois que je n'ai rien sur ce personnage ; il faudrait que je fasse des recherches approfondies. Vous m'avez dit qu'il avait séjourné à la prison de Saint-Malo... Allez-y et consultez les archives*, vous trouverez peut-être un détail intéressant. Mais passez d'abord à la bibliothèque et appelez-moi dans quelques jours. »

Vous allez à la bibliothèque ■ 41
Vous allez directement à l'ancienne prison de Saint-Malo ■ 100

7

À ce moment, un autre homme arrive ; il est vêtu d'une robe* de chambre bleue. Il a environ soixante ans et porte une moustache blanche.
« Mais qui est-ce, Firmin ?
— Je ne sais pas, Monsieur. Cette personne prétend courir après quelqu'un ! »
Vous vous présentez et il en fait autant.
« Je suis le comte* Abel de Trévenec... Vous auriez pu sonner avant d'entrer ! Mais expliquez-moi ce que vous faites chez moi. »

Vous lui expliquez que vous poursuivez un voleur ■ 104
Vous lui dites que vous avez perdu quelque chose dans le parc ■ 14

8 — **Vous** marchez un peu au hasard dans les vieux quartiers de la ville quand le nom d'une boutique retient votre attention : *Le Vieux Pirate*. C'est un magasin spécialisé dans les objets de marine anciens. Dans la vitrine, vous pouvez voir des instruments optiques*, des cartes, des boussoles* et des globes* terrestres. Vous entrez ; la vendeuse vous laisse choisir tranquillement. Il y a tellement d'objets que vous mettez du temps à vous décider. Finalement, vous choisissez...
  Un cendrier fait dans une coquille* Saint-Jacques ■ 39
  Une petite boussole ancienne ■ 162

9 — **Alors** que vous vous dirigez vers la gare, vous entrez dans un magasin de souvenirs. Vous choisissez un cendrier fait dans une coquille* Saint-Jacques qui porte cette inscription : « Souvenir de Bretagne ».
  Vous vous dirigez vers la caisse ■ 39

10 — **Après** avoir rejoué dix fois le même morceau, les musiciens s'arrêtent : la répétition est terminée. Vous vous dirigez vers le joueur de tuba* qui range son instrument dans une housse*. Vous l'abordez :
« Bonjour, je peux vous voir cinq minutes ?
— Bien sûr. Que voulez-vous ? »
  Vous lui demandez s'il est bien Eugène Courtot ■ 21

11 — **La** prison est grande. Vous visitez quelques cellules*, toutes identiques. Vous avez peu de chance de trouver un détail important et vous perdez du temps.
  Vous allez consulter les archives* ■ 67

12 — **Vous** attendez plusieurs heures. Malheureusement, l'incident est sérieux et le réceptionniste* de l'hôtel vous apprend que les lignes sont parfois coupées pendant plus de 48 heures.
  Vous préférez partir directement pour Porz Hir ■ 57

13 **Vous** réfléchissez, bien décidé(e) à découvrir le pourquoi et le comment de cette lettre. Vous n'avez pas, à votre connaissance, d'ancêtre* breton nommé Jean-Jacques Louvet de la Barre. Bizarre...! Est-ce une farce ou une erreur ? Pourtant, la lettre vous est bien adressée.
Vous avez justement quelques jours de vacances à prendre.
                  Vous allez les passer en Bretagne ■ 25
               Vous pensez que c'est beaucoup trop loin ■ 146

14 **Le** comte vous pose à nouveau des questions :
« Quel objet avez-vous perdu ?
— Une statuette de sirène*.
— Et comment l'avez-vous perdue dans mon parc ?
— Heu... c'est-à-dire que ce n'est pas moi qui l'ai égarée, c'est un voleur, il s'est échappé... enfin, il a sauté par-dessus la grille et...
— Vous me paraissez bien mal* à l'aise... Ce n'est pas vous qui avez volé la statuette... ? »
Vous n'avez pas le temps de le convaincre. Le comte téléphone à la police pendant que Firmin veille sur vous...
Au commissariat*, personne ne croit vos explications. Quand l'enquête prouvera votre innocence, vos vacances seront déjà terminées.
Vous avez perdu.
                                    Fin

15 **Le** notaire retourne la feuille : des schémas* géométriques et des chiffres couvrent toute la page. Il commence son explication :
« Les dessins et les chiffres que vous voyez ici sont des calculs très précis qui indiquent un point géographique. Pourquoi Jean-Jacques Louvet de la Barre a-t-il choisi ce point ? Je ne peux vous le dire. Ce qui est sûr, c'est que ce point indique exactement le lieu où vous vivez...
— C'est incroyable ! Mais ces recherches ont dû vous prendre du temps...
— Et elles m'ont coûté de l'argent : j'ai dû faire appel à un géographe*.
— Vous auriez pu laisser le testament où il était, ou ouvrir l'enveloppe tout seul... Ça aurait été plus simple, non ?
— Vous avez raison, mais j'ai toujours exercé mon métier avec honnêteté. Comme mes ancêtres, je respecte la volonté de ce marin né à Ploërmel.

Et puis, vous savez, en Bretagne nous sommes un peu... disons superstitieux*. Que se serait-il passé si quelqu'un avait ouvert l'enveloppe scellée avant vous ? Voilà, vous savez tout. Vous pouvez encore refuser l'héritage : vous ne savez pas ce qu'il contient... »
                Vous acceptez l'héritage ■ 37
                Vous refusez l'héritage ■ 31

16

Bien sûr, c'est loin ! Mais aller en Bretagne était le seul moyen de prendre connaissance du testament*. Vous ne l'avez pas fait, vous avez donc perdu. La prochaine fois, ayez davantage le sens de l'aventure !
                Fin

17

Vous attendez le car sur le petit port en regardant les mâts* des bateaux se balancer de gauche à droite... Peu après midi, le car vous dépose devant la maison de M. Triffoc. Celui-ci est dans son jardin, il cueille des haricots.
      Vous lui dites que vous êtes collectionneur(se) ■ 97
      Vous lui parlez tout de suite de la statuette ■ 46

18

Les tables sont disposées en cercle. Vous êtes assis(e) à gauche de Totor. Une odeur de légumes bouillis remplit la pièce. Votre voisin vous passe un plat. Ce n'est pas très appétissant*, mais Totor vous encourage :
« Allez-y, c'est bon et c'est très sain*, vous allez voir !
— Heu... Vous n'avez pas de moutarde ?
— Non, ici on mange « naturel », pas de sel, pas d'épices. »
Vous prenez une carotte et un navet*. Tout le monde parle à voix basse et vous mangez vos légumes en silence. Une fois le « repas » terminé, Totor vous dit :
« D'habitude, nous nous couchons à 20 h 30, mais nous avons décidé de faire une petite fête en votre honneur... »
           Vous avez faim et vous préférez partir ■ 5
           Vous voulez bien assister à la fête ■ 102

19

Le comte vous prête une lampe de poche. Vous commencez vos recherches le long des allées mais vous ne connaissez pas très bien les lieux et vous ne trouvez rien. Il sera plus facile de retrouver cette statuette quand il fera jour. Vous ramenez la lampe à son propriétaire. Celui-ci vous demande :
« Vous n'avez rien trouvé ?
— Non, vous avez raison, il fait trop sombre.
— Vous la retrouverez demain, j'en suis sûr.
— Oui, je ne vais pas vous déranger plus longtemps...
— Me déranger ? Vous plaisantez. Je vous invite à dîner. »
Vous acceptez de dîner avec le comte ■ 112
Vous préférez dîner à l'hôtel ■ 84

20

Vous entrez dans la cellule. Sur les murs, il n'y a que quelques graffiti* plus ou moins anciens. Rien qui puisse vous aider.
Si vous ne l'avez pas déjà fait, visitez l'autre cellule ■ 56
Autrement, téléphonez à l'historien ■ 103

21

Le musicien vous répond :
« Non, je le remplace depuis 6 mois.
— Mais vous le connaissez ?
— Pas du tout. Il paraît qu'il est parti sans prévenir personne. Il n'était pas d'ici et il n'avait pas beaucoup d'amis, même à la fanfare. Il ne sortait jamais, sauf pour aller à l'église... »
Vous apercevez le chef d'orchestre qui sort de la salle des fêtes.
Vous le rattrapez pour l'interroger ■ 94
Vous continuez votre conversation ■ 135

22

« **Voici** le testament*. »
Le notaire déplie une feuille de papier jauni et lit à haute voix :
« Moi, Jean-Jacques Louvet de la Barre, désire que mes dernières volontés* soient exécutées conformément* à ce testament. Je désigne comme seul héritier la personne qui, deux siècles après ma mort, habitera l'endroit précis indiqué au dos de cette feuille. Mes biens* ayant été confisqués*, mon héritage se trouve dans l'enveloppe scellée qui devra être ouverte en présence de l'héritier et de la personne chargée de la lui remettre. Si aucun

héritier ne peut être trouvé, l'enveloppe devra être détruite. » Signé : « Jean-Jacques Louvet de la Barre. »
Si le notaire ne vous a pas encore parlé
de Jean-Jacques Louvet de la Barre ■ 145
Autrement, demandez à voir le verso* de la feuille ■ 15

23

Vous quittez la petite ville. Vous croisez une jeune femme et vous l'abordez : « Pardon. Quel chemin dois-je prendre pour aller au « Val sans retour » ?
— Où exactement ?
— À « la Maison du bois humide ».
— Je vous conseille de ne pas y aller. On dit qu'il se passe des choses anormales là-bas. »
Vous ne manquez pas de courage et vous répondez :
« Ce que disent les gens ne me fait pas peur !
— Si vous insistez... Il y a deux chemins possibles : le chemin à gauche est plus long, mais plus sûr ; le chemin à droite est plus court mais il faut bien connaître la forêt... »
Vous choisissez le chemin le plus long ■ 154
Vous choisissez le chemin le plus court ■ 123

24

Soudain un chat dévale* l'escalier, passe entre vos jambes et sort de la maison à vive allure. Le bruit a cessé et vous comprenez que l'animal en était la cause. Vous faites le tour du rez-de-chaussée. La maison « hantée » est vide, il n'y a même pas de fantôme* ! Cette histoire de trésor caché est sans doute une légende...
Vous rentrez en passant par la forêt ■ 69
Vous rentrez en passant par la route ■ 48

25

C'est décidé, vous partez en Bretagne ! Après tout, ce mystérieux ancêtre a peut-être existé... Peut-être était-il riche ? De toute façon, vous êtes trop curieux(se) pour ne pas essayer d'en savoir plus !
Vous prenez l'avion jusqu'à Rennes, puis un car vous emmène jusqu'à Ploërmel situé à 60 kilomètres de là. Vous avez du mal à vous intéresser au paysage : vous êtes trop impatient(e) ! Dès votre arrivée...
Vous partez à la recherche d'un hôtel ■ 40
Vous vous rendez directement chez le notaire* ■ 62

26 « **On** ne sait pas grand-chose sur ce qui s'y passe.
— Vous pensez qu'ils sont dangereux ?
— Je ne peux rien affirmer, mais avec ce genre de zigotos*, il vaut mieux se méfier. »
Vous vous rendez à la ferme ■ 142

27 **Une** fois à votre hôtel, vous essayez de faire* le point : il semble que le notaire vous ait dit tout ce qu'il savait sur Jean-Jacques Louvet de la Barre. Mais pourquoi un corsaire guillotiné pendant la Révolution aurait-il pensé à faire une plaisanterie ? Pourquoi aurait-il pris la peine d'écrire ce testament et d'imaginer un héritier ? Peut-être pourriez-vous aller à Saint-Malo, dernière ville où vécut Jean-Jacques Louvet de la Barre ?
La sonnerie du téléphone interrompt vos réflexions :
« Bonjour, Mᵉ Moreau à l'appareil. Je suis désolé de vous avoir fait venir à Ploërmel pour vous remettre un héritage aussi énigmatique*. J'ai une idée : j'ai un ami historien, Pierre Lebihan, qui habite Dinan. Allez le voir de ma part, il pourra certainement vous conseiller... Allez également visiter le cimetière de Ploërmel où était enterrée la famille Louvet de la Barre... »
Le lendemain...
Vous décidez d'aller voir le cimetière ■ 78
Vous décidez de rencontrer l'historien ■ 6

28 **Vous** réfléchissez : il n'y a pas de majuscule, donc la phrase n'est pas complète... Mais où est le début ? Vous regardez bien tous les côtés de la tombe, vous ne voyez rien. Vous sortez l'enveloppe que le notaire vous a remise et vous relisez la phrase :

> *Sur ma tombe*
> *Mon secret se trouve*

En écrivant l'épitaphe à côté, vous obtenez :

> *Sur ma tombe tu ne trouveras rien*
> *Mon secret se trouve dans le ventre d'une sirène**

Vous sautez presque de joie... Vous avez enfin découvert quelque chose d'intéressant. Vous décidez de chercher des informations sur les sirènes.
Vous allez dans une bibliothèque ■ 63

29 Le vent souffle très fort, il fait froid mais vous êtes à l'abri. Vous vous demandez ce que vous êtes venu(e) faire ici. Il n'y a vraiment rien à voir ! L'orage finit par faire place au soleil et vous sortez de votre abri. Malheur ! Vous apercevez votre bateau qui s'éloigne au large : il s'est détaché ! Vous êtes seul(e) sur l'île... mais rassurez-vous, vous ne mourrez pas de faim, il y a beaucoup de poissons et de coquillages ! Avec un peu de chance, quelqu'un viendra un jour vous chercher.
Vous avez perdu.
Fin

30 « **Comme** je vous l'ai écrit, Jean-Jacques Louvet de la Barre est né à Ploërmel en 1748. Il est assez connu ici ; mais en réalité on sait peu de choses sur sa famille et sur lui. À l'âge de quinze ans, il s'est engagé sur un navire* comme mousse*, cinq ans après il est devenu capitaine sur un bateau de commerce. Ensuite, il a parcouru le monde entier en tant que corsaire* mais, en 1792, il a été accusé par le Tribunal* révolutionnaire de soutenir le roi. Il a été arrêté au manoir* de Limoëlou et on l'a enfermé à la prison de Saint-Malo. Il est mort quelques mois après, guillotiné*. »
Vous écoutez la suite du récit ■ 107
Trop impatient(e), vous demandez qu'il vous lise le testament ■ 22

31 Le notaire saisit l'enveloppe et la jette dans la cheminée qui se trouve derrière lui. Conformément* au souhait de Jean-Jacques Louvet de la Barre, votre héritage a été détruit. Personne ne saura ce qu'il contenait. Votre aventure se termine ici. Vous avez perdu... Mais rien ne vous empêche de passer la fin de vos vacances à visiter la Bretagne !
Fin

32 Vous êtes maintenant dans un long couloir sombre où des squelettes* de poissons sont accrochés aux murs. Il n'y a aucun bruit. À votre droite, une porte est entrouverte et, juste en face de vous, une autre est fermée.
Vous poussez la porte entrouverte ■ 33
Vous ouvrez l'autre porte ■ 3

33 — **Elle** donne sur un escalier. En haut des marches, vous découvrez une petite bibliothèque éclairée par des vitraux*. Sur des étagères sont rangés des centaines de vieux livres ; une petite table et deux fauteuils en cuir occupent le reste de la pièce. Cet endroit a l'air très accueillant mais vous n'avez pas le temps de vous y arrêter. Vous regardez à travers un vitrail : le soleil commence à se coucher et le parc devient sombre. Soudain, vous apercevez le voleur qui court dans l'une des allées. Il se dirige vers la grille… Il est trop tard pour le rattraper. Vous pensez qu'il y a peut-être quelqu'un d'autre dans le château…
  Vous sortez discrètement ■ 166
  Vous criez : « Il y a quelqu'un ? » ■ 77

34 — **Firmin** vous aide à chercher la statuette. Vous la retrouvez dans un buisson* mais, quand vous la prenez, la statuette fendillée* se brise dans vos mains. Vous observez attentivement l'intérieur… Il n'y a rien, aucun objet, aucune trace gravée… Le secret ne se trouve pas dans le ventre de cette sirène ! Vous prenez délicatement les morceaux et les ramenez au château. Le comte vous demande ce que vous allez en faire. Vous lui répondez que…
  Vous allez ramener la statuette cassée au musée ■ 55
  Vous n'avez pas le temps d'aller au musée ■ 170

35 — **À** la lueur* de la flamme, vous explorez la pièce : elle est entièrement vide. Vous jetez un coup d'œil par le soupirail d'où vous voyez une partie du parc. Vous apercevez le voleur courir, puis disparaître.
Soudain, vous entendez des pas dans le couloir.
  Vous restez dans la pièce sans faire de bruit ■ 122
  Vous sortez de la pièce ■ 91

36 — **Au** bout de quelques secondes, le bruit cesse. C'était peut-être le vent… Vous rallumez votre lampe et entrez dans la maison. Le bruit a repris, c'est une sorte de frottement. Il semble provenir de l'étage, mais l'escalier est vraiment trop vieux et risque de céder sous votre poids.
  Vous préférez explorer le bas de la maison ■ 24

37 **Vous** n'êtes pas venu(e) jusqu'ici pour refuser l'héritage au dernier moment. Le notaire vous donne l'enveloppe et vous ôtez le cachet*. Vous dépliez une grande feuille blanche. Vous restez stupéfait(e) devant l'unique phrase inscrite sur le papier :

> *Sur ma tombe**
> *Mon secret se trouve*

Le notaire, vous voyant pâlir*, vous interroge :
« Eh bien, quelque chose ne va pas ?
— Heu… Si. »
        Vous montrez la feuille au notaire ■ 66
        Vous partez en claquant la porte ■ 128

38 **Vous** traversez plusieurs salles. Soudain, vous apercevez un homme qui brise une vitrine*. Il s'empare de la statuette que vous cherchiez et saute par la fenêtre.
        Vous le suivez en sautant vous aussi par la fenêtre ■ 114
        Vous courez vers la sortie, au fond de la salle ■ 138

39 **Vous** payez votre souvenir et sortez du magasin. Votre train part dans un quart d'heure. Vous avez juste le temps d'acheter votre billet. Vos vacances sont terminées et vous n'avez pas trouvé le secret de Jean-Jacques Louvet de la Barre.

Fin

40 **Le** temps est humide, il est tombé une petite pluie fine. La fatigue du voyage se fait sentir et vous avez froid. Vous rentrez dans le premier hôtel que vous voyez. C'est un petit hôtel modeste*. Une femme vêtue de noir vous accompagne à votre chambre. Elle est curieuse de savoir pourquoi vous êtes à Ploërmel et vous demande si vous êtes en voyage d'affaires.
        Vous lui dites que vous êtes en vacances ■ 80
        Vous lui dites que vous êtes là pour une affaire personnelle ■ 119

41

Avant de partir pour Saint-Malo, vous consultez tous les livres que vous pouvez trouver sur les corsaires bretons. Dans *La Bretagne illustrée* de Félix Labousig, vous tombez sur le portrait* de votre « ancêtre » : c'est une gravure qui représente Jean-Jacques Louvet de la Barre fumant une longue pipe en terre. Il porte un chapeau noir et, à sa ceinture, apparaît la poignée de son sabre*. Son visage est sévère mais on peut déceler* un léger sourire sous sa fine moustache. Vous faites une photocopie du portrait.
         Vous partez visiter la prison de Saint-Malo ■ 100

42

Le comte a peu d'informations sur ce rocher* :
« C'est un rocher qui a vaguement* la forme d'une sirène. Vous savez, on nomme souvent les rochers d'après leur forme... »
         Vous cherchez la statuette dans le parc ■ 34

43

Vous passez une bonne nuit. À 8 heures, vous descendez au salon où le comte vous dit bonjour.
         Vous allez chercher la statuette dans le parc ■ 34

44

« **C'est** très important, il faut que je lui parle.
— N'insistez pas, je ne dirai rien. »
         Vous cessez de le questionner sur ce sujet ■ 87

45

Vous entrez par le pont-levis* et vous vous promenez sur les remparts* d'où vous avez une vue d'ensemble sur la cour du château avec ses tours... Mais ce n'est pas le moment de flâner*, vous êtes ici pour retrouver la statuette.
         Vous entrez dans le musée ■ 68

46

« **Je** cherche une petite statuette que j'ai vue dans un livre. Je crois qu'elle vous appartient.
— Oui... Mais malheureusement je ne l'ai plus !

— Oh ! Je n'ai pas de chance. Excusez-moi de vous avoir dérangé.
— Partez pas comme ça ! Je vous offre quelque chose ?
— Mais... Je...
— Nom* d'une pipe ! On n'a même pas fait connaissance et vous voulez déjà partir !
— Ne vous fâchez pas : je ne voulais pas vous déranger.
— Me déranger, quelle drôle d'idée ! Je suis à la retraite. Allez, entrez ! »
Vous suivez Maurice qui vous fait descendre dans sa cave.
« Goûtez-moi ce petit vin ! C'est pas de la piquette* ! »
Vous refusez poliment* ■ 79
Vous acceptez ■ 137

47

Vous lui faites part de vos découvertes et vous lui demandez quelques détails sur les sirènes. Il ne peut pas vous apprendre grand-chose mais il vous donne une liste de livres dans lesquels vous trouverez sûrement des informations sur le sujet.
Le lendemain, vous retournez à la bibliothèque ■ 144

48

Le brouillard* se lève et il commence à faire froid. Vous tendez votre pouce quand de rares voitures passent, mais aucune ne s'arrête... Une vieille charrette* grinçante* roule lentement au loin. Elle est conduite par un homme emmitouflé* dans un grand manteau et qui tient une espèce de long bâton que vous distinguez mal.
Vous lui faites signe pour qu'il s'arrête ■ 113
Vous préférez le laisser passer ■ 85

49

Vous lui parlez de son bateau :
« Vous sortez souvent en mer ?
— Hein ?... Ben oui, le plus souvent possible, quand la mer est bonne. »
Maurice retrouve le sourire et avant que vous ne le quittiez, il ajoute :
« Si vous repassez par ici, venez me voir, on fera une petite croisière*. »
Vous le remerciez et vous partez pour Paimpol.
Là, vous prenez un bateau pour l'île de Bréhat ■ 89

50

« **Je** crois que je reviendrai demain matin, je ne veux pas vous déranger plus longtemps.
— Me déranger ? Vous plaisantez, je vous invite à dîner !
— Je ne sais pas si...
— Allons, vous n'allez pas partir comme ça... »
Vous acceptez l'invitation ■ 112
Vous préférez chercher une chambre d'hôtel ■ 84

51

« **Avant** de vous quitter, je voudrais vous poser une question.
— Allez-y.
— Si vous étiez en danger de mort, vous penseriez à faire une blague ?
— Non, évidemment. Mais Jean-Jacques Louvet de la Barre était sûrement un original*.
— Je voudrais m'assurer qu'il n'a vraiment pas de tombe.
— Je vous comprends. Je vous conseille d'aller au cimetière* de Ploërmel où était enterrée sa famille... Mais j'ai peut-être une meilleure idée : j'ai un ami historien, Pierre Lebihan, qui habite Dinan. Allez le voir de ma part. Peut-être pourra-t-il vous aider dans vos recherches. »
Vous décidez d'aller voir le cimetière ■ 78
Vous décidez de rencontrer l'historien ■ 6

52

Vous essayez de téléphoner à Morlaix, mais la ligne téléphonique est coupée en raison d'une tempête.
Vous attendez que la ligne soit rétablie ■ 101
Vous vous rendez directement à Morlaix ■ 76

53

« **Bonjour,** excusez-moi de vous déranger, je cherche le joueur de tuba.
— Il est au fond de la salle, mais attendez plutôt la fin de la répétition pour lui parler. »
Vous attendez patiemment ■ 10
Vous lui dites que vous êtes pressé(e) ■ 129

54

Arrivé(e) au cimetière, vous recherchez la tombe. Vous finissez par la trouver : elle est en très mauvais état. Vous pouvez déchiffrer le nom et les dates, mais il vous faut gratter la mousse* qui recouvre l'épitaphe*. Vous lisez :

> *tu ne trouveras rien*
> *dans le ventre d'une sirène*

Cette phrase vous semble bien obscure*. Et si c'était le secret de Jean-Jacques Louvet de la Barre ?
Un homme s'approche de la tombe.
    Vous restez sur place pour voir ce qu'il cherche ■ 74
    Vous notez vite la phrase sur votre carnet* ■ 165

55

De retour au musée, vous rencontrez le conservateur*. Vous lui remettez les morceaux de la statuette en lui expliquant où et comment vous les avez retrouvés. Le conservateur sourit et vous remercie.
« C'est très gentil... Vous vous êtes donné beaucoup de mal pour quelques débris*...
— Je suis vraiment désolé(e), elle s'est cassée quand je l'ai ramassée.
— Ce n'est pas bien grave !
— Ah bon... ?
— Pour vous dire la vérité, cette statuette en morceaux est un faux, un moulage*. L'original* est dans notre atelier de restauration*, il avait besoin d'un petit nettoyage !
— Mais alors, j'ai couru après le voleur pour...
— Eh oui, votre sens civique* est admirable mais vous avez usé vos chaussures pour rien ! »
Cette réflexion du conservateur vous agace*.
    Vous lui répondez sèchement ■ 4
    Vous gardez votre calme ■ 134

56

C'est une toute petite pièce aux murs humides, éclairée par une minuscule fenêtre munie de barreaux. Le conservateur qui vous accompagne vous prête son briquet ; vous inspectez les murs. Après une demi-heure de recherche vous trouvez un drôle de graffiti* gravé dans la pierre. C'est une sirène à laquelle il manque le bras droit. Le dessin est accompagné des initiales JJLB. Vous le copiez sur un petit carnet et vous sortez de la cellule.
    Vous téléphonez à l'historien pour l'en informer ■ 103
    Vous allez voir l'autre cellule (si vous ne l'avez déjà fait) ■ 20

57 **Vous** prenez un train de nuit de façon à arriver le matin à Porz Hir. À 7 h 30 vous êtes sur le petit port où vous trouvez un café ouvert. Vous entrez et commandez un café et des tartines* beurrées. Le beurre a un goût bizarre... Il est salé.
    Vous le faites remarquer à la patronne du café ■ 96

58 **Vous** grimpez prudemment. Vous êtes presque arrivé(e) en haut quand l'escalier s'écroule sous vos pieds et vous tombez. Quelques secondes après, vous constatez que vous êtes coincé(e) sous les débris*.
Tous vos efforts pour vous délivrer sont inutiles et personne n'entend vos appels. Votre seul espoir est que quelqu'un d'aussi courageux que vous vienne au « Val sans retour ». Vous avez perdu.
    Fin

59 **Cette** porte s'ouvre sur un salon meublé d'un canapé et de trois fauteuils de style Louis XV. Il y a une autre porte.
  Vous retournez dans la salle à manger et ouvrez la porte de gauche ■ 32
    Vous ouvrez l'autre porte du salon ■ 156

60 **Michel** Ferran vous répond :
« La pêche* artisanale a été tuée par la pêche industrielle et maintenant les « gros » se cassent* aussi la figure : il n'y a plus assez de poissons. Le métier de pêcheur est de plus en plus dur, alors j'ai été obligé de faire autre chose...
— Je vois...
— Enfin, il ne faut pas se plaindre : il y a des gens qui n'ont pas de travail du tout ! Au fait, pourquoi vouliez-vous me voir ? »
    Vous lui répondez ■ 81

61 **Les** portes du bus se referment. Vous faites désespérément* signe au chauffeur pour qu'il s'arrête, mais c'est trop tard : le bus est déjà loin... Le voleur vous a échappé et la sirène avec...
Il ne vous reste plus qu'à rentrer chez vous. Avant de partir, vous décidez d'acheter un souvenir...
    Dans un magasin de souvenirs ■ 9
    Chez un antiquaire* ■ 8

62

Ploërmel est une petite ville et vous ne tardez pas à trouver la maison du notaire. Vous vous présentez : un homme de quarante-cinq ans vous reçoit aussitôt dans son bureau. Il vous fait asseoir en face de lui et engage la conversation :
« Je ne m'attendais pas à vous voir si tôt. Vous avez dû être surpris(e)... Pourtant, ceci n'est pas une plaisanterie : vous héritez de Jean-Jacques Louvet de la Barre.
— Mais ce n'est pas mon ancêtre...
— Je n'ai pas dit qu'il était de votre famille. Vous héritez, c'est tout...
— Je ne comprends pas.
— C'est une histoire un peu compliquée ; commençons par le début... »
Vous écoutez la suite ■ 30
Vous lui demandez qu'il vous lise le testament* ■ 22

63

Vous passez votre après-midi dans les rayons* de la bibliothèque. Vous consultez* des livres sur l'histoire de la Bretagne, sur la mythologie, les arts et la peinture. Vous savez presque tout sur les sirènes... Mais ces recherches n'ont pas fait avancer votre enquête.
Vous retournez à la bibliothèque le lendemain ■ 144
Vous préférez téléphoner à l'historien ■ 47

64

Vous vous cachez près du temple. Tout le monde nettoie le réfectoire puis va se coucher. La lumière des dortoirs* ne tarde pas à s'éteindre.
Vous tentez d'ouvrir la porte en fer ■ 116
Vous faites le tour de la ferme avant de rentrer vous coucher ■ 120

65

Le bruit continue : c'est une sorte de frottement*. Vous avancez doucement en vous dirigeant vers l'endroit d'où il semble provenir. Vous arrivez en bas d'un vieil escalier en bois. Le bruit vient de l'étage.
Vous montez ■ 58
Vous préférez explorer le bas de la maison ■ 24

66   **Vous** tendez la feuille au notaire qui rajuste ses lunettes :
« Bizarre... En effet, je crois que ce corsaire s'est moqué de nous.
— Vous croyez ? Peut-être y a-t-il un secret, il suffit de trouver sa tombe.
— Le problème, c'est qu'il n'a pas de tombe*.
— Et pourquoi ?
— Les guillotinés* avaient rarement leur propre tombe.
— Je n'y avais pas pensé.
— Ne soyez pas déçu(e) ; la Bretagne est une très belle région. Jean-Jacques Louvet de la Barre vous aura au moins fait connaître son pays... »
        Vous souhaitez poser une question au notaire ■ 51
        Vous prenez congé* du notaire ■ 27

67   **Les** archives ont été à moitié détruites dans un incendie*, mais le conservateur vous aide dans vos recherches. Dans un vieux registre*, vous trouvez l'emplacement de deux cachots* dans lesquels a été emprisonné* Jean-Jacques Louvet de la Barre.
        Vous visitez la première cellule* ■ 20
        Vous visitez la seconde cellule ■ 56

68   **Après** avoir payé l'entrée, vous traversez les salles en cherchant la statuette. Vous apercevez des maquettes* de bateaux, des vieux objets de marine, des plans de navires, des tableaux, des armes... Mais pas de statuette*.
        Vous allez questionner le gardien du musée ■ 124
        Vous continuez à chercher tout(e) seul(e) ■ 38

69   **Vous** reprenez le chemin* inverse mais, après une heure de marche, vous réalisez que vous vous êtes perdu(e). Soudain, vous apercevez un homme et vous courez vers lui, mais ce n'est que la silhouette d'un vieil arbre mort. En vous précipitant, vous avez mis les deux pieds dans la boue*... Vous n'avez pas vu le panneau* indiquant que cet endroit est dangereux : vous êtes dans un marécage*. Vous avez tort de vous affoler*, c'est le meilleur moyen d'y rester ! Plus vous gesticulez*, plus vous vous enfoncez. Vous avez maintenant de la boue jusqu'à la taille*... Il est trop tard...
Vous avez perdu.

                        Fin

70

Vous demandez au chauffeur de taxi de suivre le bus qui se dirige vers la banlieue* de Nantes. Après quelques arrêts, vous apercevez le voleur qui descend au milieu d'autres passagers. Vous vous précipitez aussitôt. Le voleur vous voit et se met à courir. Il escalade la grille d'un parc et s'engage dans une allée. Vous escaladez vous aussi la grille. Le voleur semble surpris de vous voir. Il saute derrière une haie, fait tomber la statuette, mais continue à courir. Au bout de l'allée, vous vous trouvez face à un château : le voleur est en train de casser un carreau pour s'introduire à l'intérieur.
        Vous aussi, vous entrez dans le château ■ 108
        Vous allez chercher la statuette là où elle est tombée ■ 106

71

L'île se trouve au large* de Perros-Guirec. Malgré la mer agitée, vous louez un petit bateau à moteur. Lorsque vous arrivez, il vous faut accoster sur de gros rochers.
        C'est dangereux et vous préférez rentrer ■ 163
        Vous tentez d'accoster ■ 88

72

Vous passez une nuit agitée et vous sursautez au moindre bruit. Le matin, toujours sur vos gardes, vous descendez au salon où le comte discute avec Firmin :
« Alors, vous l'avez eu ?
— Oui, Monsieur. Cette fois-ci, il ne reviendra pas gratter sous votre fenêtre.
— Ce n'est quand même pas si terrible de tuer un blaireau* !
— Monsieur sait que j'adore les animaux... »
Vous comprenez alors que le comte et Firmin parlaient d'un blaireau... et non de vous ! Vous êtes rassuré(e)... Votre vie n'était pas en danger ! Le comte vous aperçoit et vous dit bonjour. Peu après...
        Vous l'interrogez sur le tableau intitulé « Le rocher de la sirène » ■ 42
        Vous allez chercher la statuette dans le parc ■ 34

73

Le comte n'insiste pas. Après la fin du repas, Abel de Trévenec vous invite à passer au salon pour déguster* un vieux calvados*.
Puis il se fait tard et il vous propose de dormir au château.
        Vous acceptez cette proposition ■ 118
        Vous préférez dormir à l'hôtel ■ 84

74   **L'homme** porte une casquette. Il s'approche encore et vous regarde avec un drôle d'air. Vous lui adressez la parole :
« Excusez-moi, vous êtes un membre* de sa famille ?
— Certainement pas. Et vous ? Vous n'êtes pas d'ici ? Qu'est-ce que vous faites ? Je vous ai vu(e) gratter la tombe...
— Moi ? Heu... oui... Je voulais voir la phrase inscrite ici. Vous savez ce que ça signifie : « tu ne trouveras rien dans le ventre d'une sirène* » ?
— Sans doute qu'on ne trouve rien dans les chimères*... Qu'il faut avoir* les pieds sur terre...
— Vous le pensez vraiment ? Pourtant, la Bretagne est un pays de légendes*.
— Tout le monde n'y croit pas. Et puis, je vous trouve bien curieux(se) ! »
L'homme s'éloigne en ronchonnant* ; il a l'air de vous cacher quelque chose...
        Vous le suivez discrètement ■ 125
      Vous restez quelques instants devant la tombe ■ 153

75   **Après** tout, le fait de savoir pourquoi vous avez été désigné(e) vous importe peu. Le notaire vous remet l'enveloppe scellée qui constitue votre héritage. Vous l'ouvrez et vous dépliez une grande feuille blanche. Seuls ces mots sont écrits sur le papier :
        *Sur ma tombe**
        Mon secret se trouve
Vous êtes stupéfait(e)*. Le notaire, surpris par votre réaction, vous demande :
« Eh bien, quelque chose ne va pas ? »
        Vous montrez la feuille au notaire ■ 66
     Vous la mettez furieusement dans votre poche ■ 111

76   **L'adresse** de l'éditeur, 25 rue du Mur à Morlaix, correspond à une maison ancienne. La porte est fermée et il n'y a aucune indication. Vous pensez faire erreur, vous regardez aux alentours* quand un passant s'arrête et vous demande :
« Vous cherchez quelque chose ?
— Oui. Les éditions Bellon.

— Les éditions Bellon ! Oh, mais elles ne sont plus là, elles se sont installées dans le Sud de la France. »
Vous vous êtes déplacé(e) pour rien. Il ne vous reste plus qu'à vous rendre à Porz Hir.
Espérons que M. Triffoc habite toujours à cet endroit ! ■ 57

Votre appel reste sans réponse. Vous appelez à nouveau... Soudain, vous sentez une main sur votre épaule. Vous vous retournez brusquement : vous êtes face à deux hommes. L'un d'eux a une soixantaine d'années, les cheveux aussi blancs que sa moustache ; il est vêtu d'une robe* de chambre. Il vous demande :
« Vous cherchez quelqu'un ?
— Heu... oui... enfin... je cherche le propriétaire de cette maison.
— C'est moi. Comte* Abel de Trévenec... Vous auriez pu sonner, Firmin vous aurait ouvert. Que puis-je pour vous ? »
Vous lui expliquez que vous poursuivez un voleur ■ 104
Vous lui dites que vous avez perdu quelque chose dans le parc ■ 14

Vous vous rendez au cimetière situé à côté de l'église. Un chat noir se promène dans les allées. Vous croisez une vieille dame avec un petit bouquet de fleurs à la main. Vous faites le tour du cimetière en lisant les noms inscrits sur chaque tombe, mais le seul qui retient votre attention est « Michel Louvet 1890-1952 ». Y a-t-il un lien de parenté* avec Jean-Jacques Louvet de la Barre... ?
Vous décidez de rencontrer l'historien ■ 6
Vous allez questionner le gardien du cimetière ■ 117

Monsieur Triffoc est étonné :
« Vous êtes malade ?
— Non, mais... je...
— Ben il faut boire, c'est bon pour la santé. Vous savez, un petit verre, ça ne peut pas faire de mal...
— Vous êtes gentil mais...
— Allez ! goûtez-moi ça, c'est un très bon vin... »
Vous finissez par accepter ■ 137

80 **Elle** vous interroge à nouveau :
« Vous voyagez tout(e) seul(e) ? Vous êtes écrivain ?
— Non, non... Je suis venu(e) visiter la Bretagne.
— Et vous allez rester longtemps à Ploërmel ?
— Je ne sais pas encore...
— Il y a longtemps que vous êtes en Bretagne ?
— Non, je viens d'arriver...
— Il y a beaucoup de choses à voir : les menhirs* de Carnac, les remparts* de Saint-Malo, le château de Vitré, Belle-Île, les ports... la côte... Bon, je vous laisse vous reposer, vous devez être fatigué(e) ! »
Le lendemain, vous allez chez le notaire ■ 62

81 « **Je** cherche un objet qui a appartenu à votre père.
— À mon père ?
— Oui, c'est une petite statuette : une sirène en terre cuite.
— Oui, je m'en souviens. Mais à sa mort, j'ai tout vendu pour rembourser des dettes...
— Et vous vous rappelez à qui vous avez vendu la sirène ?
— Oui, à une antiquaire* de Brest, Mme Poicard. Pour quelle raison cherchez-vous cet objet ?
— Heu, je suis collectionneur(se)...
— Chacun son truc*. Moi, je construis des maquettes* de bateaux... »
Sur ces mots, vous remerciez Michel Ferran.
De retour sur le continent*, vous prenez le train pour Brest ■ 140

82 « **Il** faut que je vois cette statuette ce soir, c'est très important.
— Je vous le répète, c'est impossible. »
Vous commencez à vous énerver et le gardien vous ferme la porte au nez. Très en colère, vous frappez à la porte ; puis, voyant que cela ne sert à rien, vous vous éloignez du musée.
Vous attendez le lendemain ■ 150

83 « **Oui,** une très belle sirène en terre cuite.
— Et où est-elle ?

— J'ai été obligé de la vendre à un musée.
— Vous vendez les dons de vos paroissiens* ?
— Ne soyez pas choqué(e), c'est Eugène qui m'a demandé de le faire.
— Mais pourquoi ?
— Parce que l'orage a détruit notre clocher et que nous ne trouvions pas assez d'argent pour le réparer... Nous avons vendu plusieurs objets.
— À qui ?
— Au musée de la Marine de Nantes. »
Vous remerciez le curé et vous prenez un train pour Nantes. Quand vous arrivez, il est déjà 16 h 30.
        Vous vous dépêchez pour aller au musée le soir même ■ 115
        Vous attendez le lendemain pour vous y rendre ■ 150

84

Le comte, un peu déçu*, appelle un taxi et vous passez la nuit à l'hôtel.
        Le lendemain, vous retournez au château ■ 34

85

La charrette vous dépasse très lentement. Le conducteur doit être un paysan, il porte une faux* sur son épaule. Quelques minutes après, vous apercevez les phares d'une voiture. Vous faites de grands signes, la voiture s'arrête. Vous racontez ce que vous venez de voir au conducteur ; il a l'air un peu effrayé :
« Vous avez certainement rencontré l'Ankou !
— L'Ankou... qui est l'Ankou ?
— Beaucoup de gens disent que ce personnage n'existe pas... Mais moi j'y crois. L'Ankou est la mort personnifiée*. On dit que ceux qui le rencontrent meurent. Il se promène sur un chariot tiré par un vieux cheval et il porte une faux... Si vous lui aviez fait signe, vous ne seriez pas ici pour me raconter votre histoire : il vous aurait emmené(e) ! »
Vous arrivez bientôt à votre hôtel. Vous n'avez pas doublé la charrette : elle semble avoir disparu.
        Le lendemain, vous allez rendre visite à l'historien ■ 6

86

Le comportement de Totor vous inquiète un peu, vous préférez rebrousser* chemin. Vous trouvez une excuse pour vous éclipser*.

« Heu... Excusez-moi, je suis pressé(e), j'ai un rendez-vous. »
Avant qu'il n'ait eu le temps de vous retenir, vous lui avez déjà faussé* compagnie.

                   Vous retournez à votre hôtel ■ 120
                 Vous allez manger dans un café ■ 168

87   **Vous** préférez lui poser d'autres questions :
« Quel genre d'homme était-il ?
— Il était très solitaire, mais c'était un brave homme, généreux*. Vous voyez ces objets qui décorent l'église, il en a apporté beaucoup. Certains ont de la valeur... »

              Vous lui demandez qu'il vous montre ces objets ■ 2
         Vous lui demandez si Eugène a apporté une statuette ■ 83

88   **Vous** faites le tour de l'île. Vous découvrez une petite baie* où la mer est moins agitée. Vous accostez sans difficultés. L'île ressemble à un gros rocher, elle est minuscule et il n'y a aucune végétation. Les seules traces humaines sont les ruines* d'un ancien phare*. En quelques minutes le ciel s'est assombri, le vent s'est levé et de grosses gouttes commencent à tomber.

          Vous allez chercher votre imperméable* dans le bateau ■ 131
              Vous vous abritez dans les ruines du phare ■ 29

89   **Après** dix minutes de traversée, vous débarquez* à Port Clos. Le phare est à l'autre bout de l'île, à quelques kilomètres. Vous prenez un chemin tortueux* et vous êtes surpris(e) de voir des palmiers, des eucalyptus et des aloès sur cette île... Vous arrivez enfin au phare.
Le gardien lit le journal. Vous lui adressez la parole :
« Bonjour, vous êtes bien Michel Ferran ?
— Oui, c'est moi. Je ne vous avais pas vu(e)...
— Les nouvelles sont bonnes ?
— C'est beaucoup dire... La vie en Bretagne aujourd'hui, c'est pas facile !
— Pourquoi ?
— On a beaucoup de problèmes, mais le plus important c'est le chômage. Vous savez, je ne suis pas gardien de phare par vocation*.
— Quel est votre métier ?

— Je suis pêcheur, comme mon père... Seulement maintenant il n'y a plus de boulot* ! »
Vous lui demandez pourquoi ■ 60
Vous lui expliquez la raison de votre visite ■ 81

L'homme vous répond que cette maison se situe au « Val sans retour », dans la forêt de Paimpont. Quelques heures après, vous êtes à Tréhorenteuc, un petit village non loin de là. Vous demandez s'il y a un car ou un taxi qui va au « Val sans retour ». On vous répond :
« Il n'y a ni car ni taxi pour aller là-bas.
— Je peux payer quelqu'un pour m'accompagner.
— Personne ne vous accompagnera. C'est trop dangereux ! »
Vous décidez d'y aller à pied ■ 23
Vous renoncez et préférez voir l'historien, l'ami de M⁶ Moreau ■ 6

Vous tombez nez à nez* avec un homme ; il est stupéfait de vous voir là :
« Mais, qu'est-ce que vous faites ici ?
— Heu... je... ? Je cours après quelqu'un.
— Mais qui êtes-vous ? »
Vous lui révélez votre identité ■ 7

L'antiquaire* ramasse les morceaux de verre ; par chance, le bateau est intact*. Elle met le tout dans une petite boîte en carton ; vous payez et sortez. Vous avez un peu de temps devant vous avant d'aller à l'aéroport et vous déballez votre « souvenir ». Le petit bateau est très finement reproduit : les trois mâts*, les cordages, le gouvernail*, les canons ; tout y est, même le nom du navire. Vous le déchiffrez avec peine tant les lettres sont minuscules : La..., La si..., La sirène ! Incroyable !
Vous décollez délicatement le pont* du petit bateau et vous découvrez trois énormes diamants. Vous sautez de joie ! Vous avez découvert le secret de Jean-Jacques Louvet de la Barre : la sirène était le nom de son bateau. Se sentant menacé, il avait eu l'idée de cacher sa fortune dans cette bouteille. Comment était-elle arrivée chez cette antiquaire de Nantes... ? Peu importe. Vous êtes désormais très riche et vous pouvez poursuivre vos vacances en Bretagne ou ailleurs aussi longtemps qu'il vous plaira.

Fin

93 Le notaire n'insiste pas et se sert un verre. Puis il reprend la parole :
« Vous avez tort, ce chouchenn est très bon ; c'est une spécialité de la région, une boisson à base de miel. Mais revenons à notre histoire... »
        Vous souhaitez prendre connaissance du testament ■ 22

94 Vous rejoignez le chef d'orchestre :
« Bonjour, je cherche l'ancien joueur de tuba. Il paraît qu'il a disparu. Vous ne savez pas où il est allé ?
— Non. C'était un gars* un peu bizarre, la cinquantaine, bon musicien mais plutôt « ours »*... Des fois, je me demande si...
— Si... ?
— Il était trop croyant pour... Mais un type* seul comme lui, il pourrait bien avoir été enrôlé* dans la secte*.
— La secte ?
— De drôles de types. Enfin, je n'accuse personne, mais on se demande bien ce qu'ils font ici... Ils sont installés sur la route de Brest, dans une ferme juste après le pont de Sainte-Justine.
        Vous allez aussitôt à la ferme ■ 142
        Vous demandez des précisions sur cette secte ■ 26

95 Vous sortez de la cuisine et vous traversez de nouveau le salon.
        Dans la salle à manger, vous ouvrez la porte de gauche ■ 32

96 Elle vous explique pourquoi le beurre a ce goût étrange :
« En Bretagne, on mange beaucoup de beurre salé... Jadis*, c'était pour le conserver. Et puis, on s'est habitué au goût et aujourd'hui on préfère le beurre salé au beurre doux*. Évidemment, quand on n'est pas habitué... avec du café ou de la confiture, c'est bizarre. Mais au fait, vous êtes en vacances ?
— Non, non... Je cherche M. Triffoc.
— Vous connaissez M. Triffoc ?
— Non, mais on m'a dit qu'il avait une collection intéressante. Il travaille ici ?
— Il travaillait sur le bateau que vous voyez là-bas, le bleu.
— Il était pêcheur ?
— Oui, mais il est à la retraite depuis trois ans.
— Et il habite toujours ici ?

— Oui. Enfin, non... pas au village. Sa maison est à 3 kilomètres de Porz Hir. Il y a un car à midi. Vous pouvez acheter un ticket ici. »
        Vous achetez un ticket ■ 17
        Vous préférez y aller à pied ■ 130

97

Il vous regarde avec méfiance* et vous dit :
« Collectionneur(se) ? Et de quoi ?
— Heu... de vieilles choses, d'objets anciens...
— Vous voulez acheter quelque chose ?
— Je ne sais pas... peut-être.
— Quel objet cherchez-vous exactement ? »
        Vous lui parlez de la sirène ■ 46

98

Totor vous présente aux membres de la communauté : ils ont tous une trentaine d'années et sont vêtus de la même tunique blanche. Ils vous font visiter les différents ateliers* artisanaux, le réfectoire*, les cuisines, les dortoirs et, pour finir, le temple du grand Yoyo. Dans ce lieu sacré, vous apercevez une porte en fer. Vous demandez où conduit cette porte et l'on vous répond :
« Heu... Ici, il n'y a rien, cette porte est condamnée. »
Vous ne le croyez pas, mais vous ne dites rien. La visite est terminée et Totor vous invite à passer la soirée en leur compagnie.
        Vous acceptez cette invitation ■ 110
        Vous refusez poliment l'invitation ■ 5

99

Vous vous dirigez vers la poste lorsque vous croisez le facteur :
« Excusez-moi, vous connaissez Eugène Courtot ?
— Eugène Courtot ? Oui, comme tout le monde.
— Vous savez pourquoi il est parti ?
— Il n'avait pas d'amis ici, il n'allait jamais au café. Les seules personnes avec qui je l'ai vu parler plusieurs fois, ce sont « les Témoins du soleil ». C'est une espèce de secte* installée sur la route de Brest, dans une ferme juste après le pont de Sainte-Justine.
— Vous croyez qu'il s'est installé là-bas ?

— Ça m'étonnerait, il était très souvent à l'église... Mais on voit des choses tellement bizarres ! »
Vous allez aussitôt à la ferme ■ 142
Vous demandez des précisions sur la secte ■ 26
Vous préférez aller à l'église pour interroger le prêtre ■ 139

100 **Vous** prenez le train pour Saint-Malo. Vous obtenez un rendez-vous par téléphone avec le conservateur* de l'ancienne prison. En attendant, vous vous promenez sur les remparts*. Le temps est clair et vous pouvez admirer la baie*. Un escalier vous conduit au chemin de ronde d'où vous avez une vue d'ensemble sur le château et la place Chateaubriand. Vous vous rendez enfin à la prison. Le conservateur, M. Le Cloarec, vous propose de consulter les archives*.
Vous êtes d'accord ■ 67
Vous préférez visiter l'ancienne prison ■ 11

101 **Vous** avez eu raison d'attendre : lorsque vous obtenez la communication, c'est un répondeur que vous entendez : « Les éditions Bellon ont changé de numéro, veuillez composer le 93.18.50.50. »
Vous composez le nouveau numéro ■ 169

102 **Dès** que vous avez accepté, les tables sont poussées contre les murs et Totor vous chuchote* :
« Chacun va faire un petit numéro* pour vous. Vous allez voir, c'est amusant... »
On vous offre du jus de légumes et le premier numéro commence : une femme dans un costume rouge danse au son d'un biniou* et d'un tambourin*. À la fin, tout le monde applaudit et vous en faites autant. Les numéros se succèdent : jongleurs, dresseurs de lapins, musiciens...
La soirée se termine et vous n'avez pas appris grand-chose. Les « Témoins du soleil » sont des gens très particuliers... mais ils n'ont pas l'air très méchants ! La fête est finie, vous leur dites au revoir.
Vous vous cachez pour observer la ferme ■ 64
Vous avez toujours faim et préférez rentrer à votre hôtel ■ 120

103

Après avoir remercié le conservateur de la prison, vous téléphonez à l'historien. Vous lui racontez ce que vous avez trouvé dans la cellule ; à son tour, il vous donne de nouvelles informations :
« Vous avez de la chance, j'ai trouvé par hasard plusieurs indices* intéressants : la tombe de votre corsaire se trouve à Saint-Malo.
— Mais je croyais que les guillotinés n'avaient pas de tombe ?
— C'est vrai, mais le corps de Jean-Jacques Louvet de la Barre a été donné à la faculté de médecine. Le directeur de la faculté a conservé ses ossements plusieurs années avant de lui faire construire une tombe, selon ses dernières volontés*. J'ai trouvé une autre chose intéressante : il est resté caché plusieurs mois sur une petite île avant d'être arrêté par les révolutionnaires...
— Je ne sais comment vous remercier... »
Le lendemain matin...
        Vous décidez d'aller au cimetière ■ 54
        Vous préférez visiter l'île ■ 71

104

Après avoir raconté votre histoire en détail, vous demandez au comte s'il est possible de chercher la statuette dans le parc. Le comte vous répond que la nuit tombe et que les recherches risquent d'être très difficiles.
      Vous pensez qu'il est préférable d'attendre le lendemain ■ 50
    Vous demandez au comte de vous prêter une lampe électrique ■ 19

105

« **Je** l'ai donnée à quelqu'un qui m'a sauvé la vie, un jour de tempête. Je suis tombé à la mer. Heureusement, il y avait un gars* avec moi, Pierrot. Il a mis le canot* de sauvetage à la mer et il a réussi à me remonter à bord. Il a risqué sa peau et c'est un miracle si on ne s'est pas retourné ! Une fois à terre, j'ai mis un cierge à l'église et j'ai donné ma petite sirène à Pierrot... Cette sirène, c'est la seule chose à laquelle je tenais, alors, je la lui ai donnée. Voilà.
— Et Pierrot, qu'est-ce qu'il est devenu ?
— Il est mort, le pauvre... Il y a trois ans. C'est son fils, Michel Ferran, qui me l'a appris, il est gardien de phare* sur l'île de Bréhat. »
Puis Maurice ne dit plus rien, ce souvenir l'attriste.
        Vous préférez partir à la recherche du fils de Pierrot ■ 89
        Vous essayez de lui changer les idées ■ 49

106 **Au** moment où vous allez saisir* la statuette, un homme s'approche suivi de deux énormes chiens qui aboient. Arrivé à votre hauteur, il vous menace : « Je ne vous conseille pas d'essayer de vous enfuir, Arthur et Merlin peuvent être très méchants.
— Mais, je ne fais rien de mal.
— Ah ? Et expliquez-moi ce que vous faites dans cette propriété privée.
— Je cours après un voleur...
— Vous raconterez ça à la police ! »
L'homme ramasse la statuette... Les policiers ne croient pas votre version* des faits. Pour eux, vous êtes le voleur du musée. Il sera long et difficile de les convaincre du contraire... D'ici là, vos vacances seront terminées. Vous n'avez pas réussi à découvrir le secret de Jean-Jacques Louvet de la Barre.
Fin

107 « **Avant** d'être enfermé, se sentant en danger, il a rédigé son testament et l'a remis à un membre* de ma famille qui gérait ses biens à cette époque. Ce testament a été transmis de père en fils jusqu'à moi.
— Je ne comprends toujours pas comment je suis devenu l'unique héritier !
— Le capitaine n'avait pas d'enfant et il a pris une curieuse décision... Au fait, je ne vous ai rien offert à boire : vous voulez quelque chose ? »
Vous refusez poliment* ■ 93
Vous acceptez ■ 141

108 **Vous** poussez la fenêtre ouverte par le voleur et vous entrez dans une grande salle à manger : au milieu se trouve une immense table en chêne ; sur les murs recouverts de tapisserie quelques portraits semblent vous regarder. Le voleur n'est plus là. Il a dû sortir par une des deux portes au fond de la pièce.
Vous prenez celle de droite ■ 59
Vous prenez celle de gauche ■ 32

109 **C'est** un fromage de chèvre, il est délicieux. Vous le mangez entièrement, dommage que vous n'ayez pas de pain ! Soudain, vous entendez un bruit. Vous vous retournez, c'est Totor. En vous voyant, il pousse des cris de fureur :

« Sacrilège* ! Entrer dans un lieu sacré ! Sacrilège ! À l'aide ! Aidez-moi ! »
Vous n'avez pas le temps de faire un geste, les vingt membres de la communauté vous entourent, vous êtes coincé(e)*. Totor crie toujours aussi fort :
« Tu as mangé un fromage sacré ! On ne peut pas te laisser partir. Il n'y a plus qu'une solution pour toi : rester avec nous.
— Et si je refuse...
— Tu n'as pas le choix. »
Les vingt « Témoins du soleil » n'ont pas l'air de plaisanter ; vous êtes obligé(e) d'enfiler la tunique blanche que Totor vous tend...
Au bout de quinze jours de vie en communauté, vous ne songez plus à vous enfuir. Vous vous êtes habitué(e) aux légumes bouillis et vous ne pensez plus au secret de Jean-Jacques Louvet de la Barre. Désormais, le grand Yoyo vous guide...
Mais vous avez perdu.

Fin

110

Totor vous remercie d'avoir accepté. Il vous invite à assister à la prière du soir. Vous entrez dans le temple* qui ressemble à une espèce de pagode*. Tous les membres de la communauté sont là, assis en face de la statue vénérée*. Ils murmurent des paroles que vous ne comprenez pas ; à la fin de la prière, tout le monde se lève. Totor s'approche de vous :
« Nous avons inventé une langue que vous ne connaissez pas, mais si vous restez parmi nous plusieurs mois, vous l'apprendrez. Venez ! »
    Vous allez manger avec eux dans le réfectoire ■ 18
    Vous vous excusez en disant que vous devez partir ■ 5

111

Le notaire, de plus en plus étonné, vous demande :
« Mais qu'y a-t-il ?
— Vous vous moquez de moi ! Vous me faites venir en Bretagne pour me remettre... une feuille de papier ! Vous appelez ça un héritage !
— Écoutez ! J'ai fait mon travail en toute honnêteté. J'ai respecté les dernières volontés* de Jean-Jacques Louvet de la Barre qui ont été transmises de père en fils jusqu'à moi... »
    Vous faites lire votre « héritage » au notaire ■ 66
    Trop énervé(e), vous partez en claquant la porte ■ 128

112   **Le** comte vous conduit dans la salle à manger et vous invite à vous asseoir. Il vous présente Firmin :
« Mon homme de confiance. Il fait tout ici : il nettoie le jardin, s'occupe de mes papiers... et c'est surtout un grand cuisinier.
— Oh... Monsieur exagère.
— Non, c'est vrai, regardez : il nous a préparé un brochet au beurre blanc. »
Firmin retourne à la cuisine et le comte poursuit sa conversation :
« Ah ! Le brochet, c'est vraiment le roi des poissons !
— Effectivement... c'est très bon...
— C'est moi qui l'ai pêché.
— Vraiment ?
— Oui, je suis un passionné de pêche et de poissons. Quand nous aurons fini de dîner, je vous montrerai mes trophées* de pêche... si vous voulez bien... »
          Vous êtes d'esprit curieux et vous acceptez ■ 151
          Vous avez horreur de la pêche et vous refusez ■ 73

113   **La** charrette s'arrête. Le conducteur porte une faux* sur l'épaule, c'est peut-être un paysan... Personne ne le saura jamais car, après cette nuit, on ne vous a jamais revu(e). Vous vous êtes peut-être éloigné(e) de la route et perdu(e) dans les marécages ? À moins que vous n'ayez rencontré l'Ankou, ce personnage que certaines légendes bretonnes décrivent comme un squelette portant une grande faux... On dit que tous ceux qui l'ont rencontré sont morts.
Vous avez perdu.
          Fin

114   **Heureusement,** la fenêtre n'est pas très haute. Le voleur court très vite mais il n'est pas très loin devant vous. Il bouscule* plusieurs personnes. Vous l'apercevez en train de monter dans un bus qui démarre aussitôt.
          Vous courez après le bus ■ 61
          Vous faites signe à un taxi de s'arrêter ■ 70

115   **Quand** vous arrivez au musée, il est sur le point de fermer. Vous vous adressez au gardien.

« S'il vous plaît, pouvez-vous me laisser entrer, j'en ai pour cinq minutes.
— Désolé, on ferme.
— Je veux juste voir une statuette de sirène...
— Revenez demain !
— Je suis pressé(e)...
— C'est impossible, je ne peux plus vous faire entrer maintenant. »
Vous insistez ■ 82
Vous décidez de revenir le lendemain ■ 150

116

La porte en fer est fermée. Vous donnez un petit coup de pied et la serrure cède aussitôt. Vous descendez un escalier dans le noir et une très forte odeur vous saisit. Vous trouvez l'interrupteur. Quand la lumière s'allume, vous constatez que vous êtes dans une cave à fromages, sûrement destinés à être vendus... En tout cas, il n'y a aucune trace du joueur de tuba !
Vous goûtez un des fromages ■ 109
Vous faites le tour de la cave et rentrez vous coucher ■ 120

117

Le gardien du cimetière, vêtu d'un bleu* de travail, est en train de nettoyer les allées entre les tombes. Vous vous approchez de lui :
« Excusez-moi, je peux vous poser une question ? »
Il vous répond avec un fort accent breton :
« Oui, qu'est-ce que vous voulez savoir ?
— Il n'y a pas de tombe portant le nom de Jean-Jacques Louvet de la Barre ici ?
— Non ! C'est même pas sûr qu'il ait une tombe... C'était un corsaire vous savez. Certains disent qu'il a laissé un trésor... Vous savez où ? Dans une maison hantée* ! Personne n'ose y aller, il s'est passé tellement de choses anormales... »
Vous demandez au gardien où se trouve cette maison ■ 90
Vous le remerciez et vous retournez à votre hôtel ■ 152

118

Le comte de Trévenec vous conduit dans votre chambre et, avant de fermer la porte, vous dit en plaisantant :
« Si vous avez un problème, criez. Firmin s'en occupera. Bonne nuit ! »
La chambre est assez grande et sent le moisi* : elle n'a pas dû être occupée depuis longtemps. Au-dessus du grand lit de bois, vous pouvez voir un

tableau représentant le bord de mer. Vous le regardez de plus près : sur le cadre, vous pouvez lire « Le rocher de la sirène ». La découverte de ce nom vous intrigue...
Cependant, vous vous endormez sans difficulté ■ 43
Vous prenez un livre sur une étagère et le lisez ■ 159

119 **La** femme vous pose encore des questions :
« Vous connaissez quelqu'un ici ?
— Pas exactement. Mais je viens rendre visite à une personne.
— Ça doit être important alors...
— Je ne sais pas encore. Il faut que j'en discute avec elle.
— Avec qui ?
— Je vous trouve plutôt curieuse.
— Peut-être. De toute façon, je le saurai tôt ou tard : les choses se savent vite dans nos petites villes... »
Puis elle s'en va en claquant la porte.
Le lendemain, vous allez chez le notaire ■ 62

120 **Arrivé(e)** à votre hôtel, vous faites* le point en dégustant un bon repas. Ce n'est pas dans cette ferme que vous trouverez Eugène : quelqu'un qui n'aime pas la compagnie ne vit pas en communauté* ! Vous vous rappelez qu'Eugène allait souvent à l'église...
Le lendemain, vous allez interroger le prêtre* ■ 139

121 **« Bonjour,** Madame. On m'a dit que vous vous occupez de la sirène, je peux la voir ?
— Bien sûr, je vais même vous montrer quelque chose que personne n'a encore vu, sauf moi.
— Vraiment ? De quoi s'agit-il ?
— Avez-vous déjà vu l'intérieur d'une statuette ? Je fais des radiographies de la sirène pour avoir des précisions sur la façon dont elle a été fabriquée... Et j'ai découvert quelque chose de très intéressant, venez voir. »
Cette fois-ci, vous êtes près du but, votre cœur bat à toute vitesse... Vous allez enfin savoir ce qu'elle a dans le ventre, cette sirène ! Mme Dubout met l'appareil à rayons X en marche.
Vous allez bientôt voir l'intérieur de la statuette ■ 155

Vous attendez une minute, le bruit de pas s'éloigne puis disparaît. Vous sortez enfin de la pièce.
Vous ressortez rapidement du château ■ 166
Vous criez : « Il y a quelqu'un ? » ■ 77

122

Vous pénétrez très vite au cœur* de la forêt. Vous marchez au creux d'un vallon entouré de roches escarpées*. Peu à peu, la forêt s'assombrit. Lorsque vous avez quitté le village, c'était déjà la fin de l'après-midi...
Vous retournez en arrière ■ 48
Vous continuez votre chemin ■ 160

123

Vous l'apercevez assis sur une chaise placée entre deux salles. Vous vous approchez de lui :
« Excusez-moi, il n'y a pas de sirène ici ?
— Une sirène ?
— Je veux parler d'une statuette de sirène.
— Ah ! Une femme à queue de poisson. Si, on doit avoir ça. Suivez-moi. »
Le gardien se lève et vous guide jusqu'à la vitrine* de la statuette... Mais la vitrine est brisée et la statuette a disparu. À ce moment précis, vous apercevez un individu coiffé d'un chapeau qui s'enfuit en sautant par une des fenêtres du musée...
Vous le poursuivez en sautant vous aussi par la fenêtre ■ 114
Vous courez vers la sortie située au fond de la salle ■ 138

124

D'un pas rapide, il sort du cimetière. Il se dirige vers un kiosque* à journaux, achète *Ouest-France* et repart. Il monte dans une voiture et disparaît sans que vous ayez eu le temps de lui adresser la parole.
Vous retournez au cimetière pour inspecter la tombe ■ 153

125

Ce sont des assiettes blanches avec des motifs* bleus au centre : des personnages en costume breton. Vous n'avez pas l'intention d'en acheter et vous lui dites :
« Je vais réfléchir, peut-être une autre fois. »
L'antiquaire insiste encore ■ 132

126

127

L'antiquaire est furieuse :
« Que vous êtes maladroit(e) ! Vous vous rendez compte de ce que vous avez fait ?
— Je suis absolument désolé(e).
— Il a fallu des heures pour construire ce petit chef-d'œuvre* et, en une seconde, vous l'avez détruit. Bravo !
— Je ne...
— Savez-vous que cet objet était vieux de deux siècles et qu'il avait de la valeur ? »
        Vous lui proposez de payer l'objet cassé ■ 147
        Vous vous excusez encore et vous sortez ■ 161

128

Une fois votre colère passée, vous sortez l'enveloppe de votre poche et lisez à nouveau :
        *Sur ma tombe**
        Mon secret se trouve
Vous pensez qu'il y a peut-être un lien entre la tombe de Jean-Jacques Louvet de la Barre et l'héritage qu'il vous a légué*. Mais avant de chercher cette tombe, vous allez présenter vos excuses au notaire. Il vous pardonne votre réaction un peu brutale.
        Vous lui faites lire la feuille que vous avez reçue en héritage ■ 66

129

Le chef d'orchestre vous autorise à voir le joueur de tuba. Vous vous faufilez* jusqu'à lui et lui parlez à voix basse.
« Bonjour, monsieur.
— Bonjour, que voulez-vous ?
— Juste vous poser deux ou trois questions.
— Attendez la fin de la répétition, nous serons plus à l'aise.
— D'accord, à tout à l'heure. »
        Vous attendez ■ 10

130

« **Je** crois que je vais y aller à pied, j'irai plus vite.
— Je vais vous faire un plan. »
Vous remerciez la patronne. Vous buvez votre café et avalez vos tartines... Après tout, le beurre salé n'est pas si mauvais !

Après trois quarts d'heure de marche, vous arrivez devant la maison de M. Triffoc. Il est en bleu* de travail, dans son jardin où il cueille des haricots.
Vous lui dites que vous êtes collectionneur(se) ■ 97
Vous lui parlez directement de la sirène ■ 46

131

Vous avez bien fait ! Le bateau était sur le point de se détacher. La perspective de rester coincé(e)* sur ce gros caillou vous fait froid* dans le dos... Vous prenez votre imperméable et vous attendez que l'orage passe. Quand le ciel retrouve sa couleur bleue, vous faites le tour de l'île mais vous ne trouvez aucune trace de Jean-Jacques Louvet de la Barre. Déçu(e), vous rentrez au port. Le lendemain...
Vous retournez à Saint-Malo pour visiter le cimetière ■ 54

132

« **Non** merci, c'est une sirène que je cherche.
— Vous savez, ce n'est pas un article très courant. Pour vous dire la vérité, la dernière fois que j'en ai vendu une, c'était il y a un an.
— Et comment était-elle ?
— Oh... une petite sirène en terre qui avait un bras en moins. Je l'ai vendue à un musicien, un joueur de tuba* de la fanfare* de Landerneau.
— Vous vous souvenez de son nom ?
— Je vais consulter mon registre*... J'ai trouvé : Eugène Courtot. Mais vous ne voulez vraiment pas acheter d'assiettes ? »
Vous sortez du magasin ■ 148

133

« **Nous** sommes installés ici depuis six mois. Nous sommes vingt et chacun travaille pour toute la communauté. Nous cultivons surtout des artichauts*.
— Toute l'année ?
— Non, nous faisons aussi de l'artisanat* que nous vendons sur le marché. » Vous vous arrêtez devant une statue représentant un homme avec une tête de cheval. Il y a trois bras de chaque côté du corps et des sabots* aux pieds. Vous demandez ce que c'est :
« C'est le grand Yoyo, le principe* suprême, le prince de l'énergie vitale, c'est notre Dieu...
— Et en quoi consiste votre « religion » ?

43

— Nous vénérons le grand Yoyo en priant matin, midi et soir. Nous ne mangeons que des légumes bouillis et nous ne jouons jamais aux cartes. » Totor veut vous présenter aux membres de la communauté, mais, pour cela, vous devez porter une grande tunique* blanche.
Vous mettez la grande tunique blanche qu'il vous donne ■ 98
Vous refusez de vous déguiser comme les « Témoins du soleil » ■ 86

134 **Vous** réfléchissez et vous comprenez pourquoi vous n'avez rien trouvé dans la statuette... Le secret de la sirène est sûrement dans l'original. Vous demandez au conservateur s'il est possible de voir la vraie statuette. Il vous répond : « Bien sûr, l'atelier de restauration est au sous-sol du musée. Vous allez voir, c'est très intéressant. »
Vous descendez avec lui.
« Voilà, c'est ici, je crois que c'est Mme Dubout qui s'occupe de la sirène. Elle doit être en train de la photographier... Ah oui, elle est là-bas. Je vous laisse, j'ai du travail... »
Vous vous présentez à Mme Dubout ■ 121

135 « **Vous** m'avez dit qu'il n'était pas d'ici. D'où venait-il ?
— De l'Est de la France, mais je ne sais pas pourquoi il s'est installé ici.
— Et quel métier exerçait-il ?
— Il était employé des PTT*... »
La conversation s'arrête là. En sortant de la salle des fêtes, vous apercevez le chef d'orchestre à l'autre bout de la rue.
Vous courez après lui ■ 94
Vous préférez interroger un collègue de travail d'Eugène ■ 99

136 **Ce** n'est pas le geste qu'il fallait faire... Mais il n'est peut-être pas trop tard pour reprendre la lettre dans la corbeille à papiers. Sachez que toute votre aventure dépend d'elle !
Vous reprenez la lettre ■ 13

137 **Le** vin de Maurice Triffoc est effectivement très bon, mais vous aimeriez bien savoir où est passée la statuette...

« Et votre collection ?
— Ma collection, quelle collection ?
— Mais je croyais...
— Oui, mais j'ai tout vendu pour m'acheter un petit bateau. Une fois à la retraite*, la mer, ça me manquait... Et c'est pas avec une retraite* de marin que je pouvais me payer un bateau... Alors, tous les objets que j'avais récupérés à droite et à gauche, je les ai vendus à la salle* des ventes. Pourtant, je l'aimais bien ma collection...
— Alors, vous avez vendu la statuette ?
— Ah non, la statuette, je ne l'aurais jamais vendue, j'y tenais trop... »
Maurice Triffoc se tait et regarde ailleurs. Visiblement, il n'a pas envie d'en parler.
Vous ne dites rien ■ 157

138

Devant la porte, un gardien vous barre* la sortie. Vous tentez de le bousculer, mais il vous empêche de passer et vous retient par le bras. Aussitôt, d'autres gardiens vous saisissent et l'un d'eux vous reconnaît :
« Cette personne a voulu voir la statuette tout à l'heure ; elle est certainement complice* du voleur qui a réussi à s'enfuir. Appelez la police ! »
Vous tentez d'expliquer la situation mais la police ne vous croit pas. Vous êtes soupçonné(e)* de complicité* de vol. Il vous faudra du temps pour prouver votre innocence ; d'ici là, vos vacances seront terminées...
Vous ne découvrirez pas le secret de Jean-Jacques Louvet de la Barre cette fois-ci.
Fin

139

Vous entrez dans l'église ; le curé est en train d'installer des cierges* devant une statue. Vous vous approchez de lui et vous lui demandez s'il connaît Eugène Courtot :
« Eugène Courtot ? Oui, il venait souvent ici, il était très croyant*.
— Il ne vous a rien dit avant de disparaître ?
— Si, mais il m'a demandé de ne rien dire à personne.
— Où est-il parti ?
— Je ne peux rien vous dire, je suis désolé. »
Vous insistez ■ 44
Vous n'insistez pas ■ 87

140 **Arrivé(e)** à la gare de Brest, vous prenez un taxi qui vous conduit chez l'antiquaire*. Vous entrez dans le magasin :
« Bonjour ! Vous cherchez quelque chose ?
— Oui, je collectionne les statuettes de sirène et on m'a dit que je pourrais peut-être en trouver ici.
— Heu, oui... ça m'est arrivé d'en avoir. En ce moment je n'ai pas de sirène, mais j'ai de magnifiques assiettes peintes à la main... »
Vous demandez à voir les assiettes ■ 126
Vous ne souhaitez pas les voir ■ 132

141 « **Voulez-vous** goûter ce chouchenn ?
— Heu... Oui.
— C'est une boisson à base de miel, une spécialité de la région. Mais parlons plutôt de notre corsaire... »
Vous lui demandez de vous lire le testament ■ 22

142 **Vous** traversez le pont qui enjambe* un petit cours d'eau et vous apercevez une pancarte* : « les Témoins du soleil ». Vous marchez jusqu'à une vieille ferme où un homme chauve, habillé d'une longue tunique* blanche vous accueille :
« Bienvenue chez les Témoins du soleil ! Je m'appelle Totor, je suis le chef* spirituel de la communauté*. Je vais vous faire visiter la Ferme du soleil. »
Vous suivez Totor ■ 133
Vous préférez ne pas entrer dans la ferme avec lui ■ 86

143 **Arrivé(e)** à Dinard, vous vous faites conduire à la pointe du Décollé. La personne qui vous accompagne connaît très bien toute la côte... Mais il n'y a pas, à sa connaissance, de « Rocher de la sirène » :
« Qui vous a parlé de ce rocher ?
— Je l'ai vu représenté sur un tableau et on m'a dit que...
— Et c'est pour ça que vous le cherchez ? Ce n'est pas parce que le tableau est baptisé « Le rocher de la sirène » que ce rocher existe vraiment ! Il ne faut pas toujours croire les artistes !
— Ah ? Vous croyez que le peintre a imaginé ce rocher ?

— C'est fort possible. En tout cas, je n'en ai jamais entendu parler ! »
Vous n'avez plus aucun indice pour découvrir le secret de Jean-Jacques Louvet de la Barre et vos vacances se terminent bientôt.
Vous avez perdu.
Fin

144

Vous arrivez à l'ouverture de la bibliothèque, bien décidé(e) à découvrir un indice. À midi, vous n'avez toujours rien trouvé et, sans prendre le temps de déjeuner, vous continuez à chercher dans chaque ouvrage* où vous pensez trouver une information. Une demi-heure avant la fermeture, alors que vous feuilletez L'Art populaire en Bretagne de Gaston Plisson, vous tombez sur la photo d'une statuette* en terre cuite. C'est une petite sirène, il lui manque le bras droit : elle ressemble au graffiti que vous avez découvert dans la prison. Pendant que la sonnerie retentit, annonçant la fermeture de la bibliothèque, vous recopiez la légende qui est sous la photo : « Statuette du XVIe siècle, trouvée aux environs de Saint-Brieuc. Collection personnelle de M. Triffoc, Porz Hir. » Vous notez également les références de l'éditeur : « Éditions Bellon, Morlaix, 1954. »
Vous partez à la recherche de M. Triffoc ■ 149
Vous partez à la recherche de l'éditeur ■ 52

145

Vous demandez au notaire :
« Mais qui était ce Jean-Jacques Louvet de la Barre ?
— C'est un personnage assez connu ici. Tout le monde a plus ou moins entendu parler de lui ; mais en réalité, on sait peu de choses. Il s'est engagé sur un navire* comme mousse*, il avait quinze ans. Quelques années après, il était capitaine sur un bateau de commerce.
— Il a dû voyager dans le monde entier !
— Probablement. On dit aussi qu'il est devenu corsaire*, au service du roi. Puis, il a été arrêté au manoir* de Limoëlou, pendant la Révolution française de 1789.
— Pourquoi ?
— Le Tribunal* révolutionnaire l'a accusé de soutenir le roi. On l'a enfermé à la prison de Saint-Malo où il est mort quelques mois après, guillotiné*. »
Vous demandez à voir le verso de la feuille ■ 15
Vous préférez ouvrir tout de suite l'enveloppe scellée ■ 75

146

Effectivement, vous habitez loin de la Bretagne. Avant d'aller à Ploërmel, sans doute est-il plus prudent* de téléphoner à M⁰ Moreau pour vous assurer que ceci n'est pas une plaisanterie. Vous composez son numéro ; une voix vous répond :
« Cabinet de M⁰ Moreau.
— Bonjour Madame, je voudrais parler à M⁰ Moreau.
— De la part de...? »
Vous lui dites votre nom et, quelques secondes après, vous discutez avec le notaire :
« Oui, cette histoire est bien réelle... mais je ne peux rien vous dire par téléphone...
— Alors, que dois-je faire ?
— Venez me voir à mon bureau ; j'ai une enveloppe scellée* que je dois vous remettre en mains propres. Je ne peux pas vous l'envoyer... »

       Vous allez passer vos vacances en Bretagne ■ 25
       Vous pensez que c'est vraiment trop loin ■ 16

147

L'antiquaire se calme un peu :
« Je me suis emportée. Excusez-moi... Ça arrive à tout le monde de casser un objet. Tant pis pour moi. »

       Vous insistez pour payer l'objet ■ 92
       Vous achetez la boussole uniquement ■ 39

148

Vous vous rendez aussitôt à Landerneau. Vous vous renseignez auprès des habitants qui vous indiquent la salle des fêtes où l'orchestre est en pleine répétition.

       Vous allez voir le chef d'orchestre ■ 53
       Vous attendez que la répétition soit terminée ■ 10

149

Vous rentrez à votre hôtel et consultez l'annuaire des Côtes-du-Nord. Vous trouvez le numéro de téléphone et l'adresse de Maurice Triffoc à Porz Hir. Vous voulez lui téléphoner ; malheureusement, la ligne est coupée à cause d'une tempête.

       Vous attendez que la ligne soit rétablie ■ 12
       Vous décidez d'aller à Porz Hir ■ 57

150 **Vous** profitez de votre fin d'après-midi pour trouver un hôtel et pour visiter le jardin* botanique. Puis vous vous promenez dans les rues piétonnières* au cœur de la vieille ville. Vous dînez place du Bouffay, dans un restaurant où l'on sert des fruits* de mer. Le lendemain, vous allez au musée de la Marine qui se trouve dans l'enceinte* du château-fort.
Vous faites le tour du château avant d'entrer dans le musée ■ 45
Vous allez directement au musée ■ 68

151 **À** la fin du repas, le comte de Trévenec vous invite à le suivre. Il vous fait entrer dans une pièce pleine de poissons naturalisés* et de squelettes* dont certains dépassent votre taille*. Il vous montre les poissons d'eau douce qui sont réunis dans une partie de la pièce :
« Voilà le brochet, un poisson très féroce, il a 700 dents ; la carpe, qui peut peser jusqu'à 15 kilos ; l'anguille qui vit dans nos rivières mais pond* en mer ; la perche qui vit dans les lacs... Mais parlons des poissons de mer, ce sont les plus impressionnants : le requin peut être très dangereux ; le thon, celui-ci fait 2,50 mètres de long ; la raie, un poisson plat, délicieux... »
Le comte passe une bonne heure à vous expliquer où et comment vivent tous les poissons qu'il a pêchés. Quand vous avez tout vu, il est déjà très tard. Le comte vous propose de dormir chez lui.
Vous acceptez sa proposition ■ 118
Vous préférez partir ■ 84

152 **Après** vous être reposé(e) un moment dans votre chambre, vous descendez pour déjeuner. Un homme vient vers vous et vous offre un verre au bar de l'hôtel :
« Je prends un cidre*, et vous ?
— Heu... oui... la même chose.
— On m'a dit que vous cherchez la tombe d'un corsaire...
— Heu... oui... mais qui vous a dit...
— Vous savez, je suis pompiste*, et dans nos petites villes, les choses se savent vite. Je sais qu'on vous a parlé de la « Maison du bois humide ». C'est un endroit dangereux, on dit qu'il est arrivé malheur à tous ceux qui y sont allés. »
Vous demandez au pompiste où se trouve cette maison ■ 90
Vous préférez rencontrer l'historien, l'ami de Mᵉ Moreau ■ 6

153 **Soudain,** vous vous apercevez que la première lettre de la phrase inscrite sur la tombe n'a pas de majuscule*.
>Vous pensez que c'est un détail sans importance ■ 158
>Vous pensez que c'est un détail intéressant ■ 28

154 **La** route est longue et monotone*, la nuit va bientôt tomber et vous êtes loin d'arriver.
>Vous préférez retourner sur vos pas ■ 48
>Vous continuez à avancer ■ 160

155 **La** statuette est bien creuse*, mais vous ne voyez rien à l'intérieur.
« Regardez bien, vous voyez ces petites taches noires ?
— Oui, qu'est-ce que c'est ?
— Ce sont des traces de moisissure*, la terre cuite a été attaquée à ces endroits par le sel.
— Et alors ?
— Et alors, cela veut dire que la statuette a séjourné* dans la mer !
— C'est tout ce que les radiographies peuvent nous apprendre ?
— Vous avez l'air déçu(e) ! Ce sont des renseignements très utiles pour mon métier...
— De toute façon, c'est naturel pour une sirène... d'être dans la mer. Non ? »
Vous sortez du musée. Vos vacances se terminent et vous n'avez pas trouvé le secret de Jean-Jacques Louvet de la Barre. Il ne vous reste qu'à rentrer chez vous. Avant de partir, vous décidez d'acheter un souvenir.
>Dans un magasin de souvenirs ■ 9
>Chez un antiquaire ■ 8

156 **Vous** êtes maintenant dans la cuisine aménagée dans l'une des tours du château. Les meubles de rangement suivent la forme arrondie des murs où sont accrochées des dizaines de casseroles ; une marmite* chauffe sur la cuisinière à bois. Sur le sol, vous apercevez la poignée d'une trappe*.
>Vous l'ouvrez ■ 164
>Vous préférez retourner sur vos pas ■ 95

Au bout d'un moment, Maurice vous ressert un verre de vin rouge et reprend la parole :
« Allez... Vous m'êtes sympathique ! Je vais vous raconter l'histoire de la statuette : je l'ai trouvée en remontant un filet* un jour où j'étais à la pêche. Drôle de poisson ! Depuis ce jour-là, c'est un peu devenu ma mascotte* ; et puis c'était une œuvre d'art, on est même venu la photograhier. Maintenant, je ne sais plus où elle est... »
Vous lui demandez ce qu'il en a fait ■ 105

157

Vous avez tort ! C'est un détail très important pour la suite de votre aventure.
Soyez plus perspicace* ■ 28

158

Le livre vous ennuie rapidement. Au moment où vous le refermez, vous distinguez nettement la voix du comte, discutant avec Firmin :
« Firmin ! Vous ne l'avez pas encore tué ! Je vous ordonne de le faire !
— Je ne peux pas, monsieur le comte, vous savez que j'ai le cœur sensible !
— Allons ! Pas d'histoire, faites ce que je vous dis !
— Vous savez bien, Monsieur peut tout me demander, mais pas de tuer...
— Je ne vais tout de même pas le faire moi-même !
— Vous êtes trop cruel*...
— Je n'aime pas être dérangé chez moi !
— Si Monsieur insiste, je vous promets...
— Merci ! Bonne nuit, Firmin ! »
Faut-il comprendre que votre vie est en danger ? Le comte doit être fou ; d'ailleurs, son attitude était bizarre... Et puis tous ces squelettes de poissons, c'est louche* !
Vous pensez qu'il est plus prudent de partir discrètement ■ 167
Vous fermez le verrou de la porte et restez dans votre chambre ■ 72

159

La nuit tombe peu à peu. Mais vous êtes, bien sûr, très prévoyant(e)* et vous avez pensé à prendre une lampe de poche. Vous continuez votre route, éclairé(e) par le petit rayon de lumière. Une chouette* hulule*. Vous marchez encore. Enfin, vous arrivez devant « la Maison du bois humide ». C'est

160

une vieille bâtisse* qui a l'air abandonnée ; les volets sont ouverts et vous apercevez des carreaux cassés ; il y a des ronces* devant la porte. Vous avez l'impression d'entendre du bruit à l'intérieur de la maison.
Vous entrez quand même ■ 65
Vous attendez dehors en éteignant votre lampe ■ 36

161 **Décidément,** vous n'avez pas de chance !
Vous décidez d'acheter votre souvenir ailleurs ■ 9

162 **Vous** prenez la petite boussole. En vous dirigeant vers la caisse, vous faites tomber un objet qui se brise à vos pieds. C'est une bouteille contenant un petit bateau à voile.
Vous faites vos excuses à l'antiquaire ■ 127
Vous ne dites rien et vous allez à la caisse ■ 39

163 **Vous** regrettez d'être arrivé(e) là sans pouvoir accoster*, mais la mer est trop agitée et vous n'avez pas envie de rejoindre les poissons ! Déçu(e), vous rentrez au port. Le lendemain...
Vous retournez à Saint-Malo pour visiter le cimetière ■ 54

164 **La** trappe donne sur une cave. Vous descendez par un petit escalier en bois. Il n'y a que des tonneaux et des bouteilles de vin. De l'autre côté de la pièce, un escalier en pierre grimpe* jusqu'à une petite porte.
Vous ouvrez cette porte ■ 32
Vous remontez dans la cuisine ■ 95

165 **L'homme** s'arrête devant la tombe de Jean-Jacques Louvet de la Barre, il reste là, immobile. Vous n'osez pas l'aborder ; d'ailleurs, il repart presque aussitôt.
Vous le suivez discrètement ■ 125
Vous restez quelques instants devant la tombe ■ 153

166

Avant de sortir du parc, vous repassez par l'endroit où le voleur a fait tomber la statuette.
    Vous la retrouvez dans un buisson ■ 106

167

Firmin doit surveiller votre chambre… Vous êtes au deuxième étage, comment allez-vous faire ? Vous nouez* les draps de votre lit et vous les attachez solidement au balcon… C'est assez dangereux…
    Mais vous tentez votre chance par ce moyen ■ 171
    Vous préférez boucler le verrou de la porte et rester là ■ 72

168

Vous faites* le point dans un petit café. Ce n'est pas dans cette secte que vous trouverez Eugène Courtot… Quelqu'un qui aime peu la compagnie ne vit pas en communauté* !
Vous vous rappelez qu'il allait souvent à l'église.
    Le lendemain, vous allez interroger le prêtre* ■ 139

169

« **Bonjour,** madame.
— Bonjour.
— Je suis à la recherche d'une statuette qui figure dans un de vos livres intitulé *L'Art populaire en Bretagne*.
— Ne quittez pas. Je vous passe la personne intéressée. »
Cette personne vous informe d'une réédition récente de l'ouvrage. À cette occasion, elle a rencontré l'actuel propriétaire de la statuette : Eugène Courtot, joueur de tuba à la fanfare de Landerneau.
    Vous partez à la recherche de M. Courtot ■ 148

170

Vous pensez qu'en rapportant cette statuette au musée, on va vous poser beaucoup de questions. La police va sûrement se mêler de l'affaire et toute cette histoire risque de retarder vos recherches. Heureusement, le comte accepte de rapporter lui-même la statuette au musée. Vous lui demandez alors où se trouve « le Rocher de la sirène » :
« Je crois que c'est du côté de Dinard, vers la pointe du Décollé. »
    Vous vous rendez à l'endroit indiqué ■ 143

171 **Vous** descendez prudemment mais, à mi-chemin, vous entendez un craquement. Le drap se déchire... Vous tombez en poussant un cri. Une fois par terre, vous hurlez* de douleur : votre jambe doit être cassée. Tout ce bruit a attiré l'attention de Firmin qui arrive avec le comte :
« Mais... mais... Que faites-vous ici ?
— N'approchez pas ! Assassins* ! Ne me touchez pas !
— Vous avez dû faire un cauchemar... Vite ! appelons le médecin.
— Non, laissez-moi ! Assassins ! »
Peu après un ambulance* vous emmène. On pense que le choc vous fait délirer* car vous êtes persuadé(e) que le comte veut vous tuer. Avez-vous rêvé ? Vous le saurez peut-être en sortant de la clinique psychiatrique où vous êtes enfermé(e) ! Vous avez perdu.

Fin

Faites vos jeux!

Le Secret de la sirène se prête plus particulièrement à une approche individuelle puisque le lecteur est invité à choisir son propre itinéraire.
Cependant, cette lecture peut être enrichie. Après ce parcours « en solitaire » (malgré les nombreux personnages que vous rencontrez au cours de votre lecture), des activités variées peuvent être réalisées à partir du texte, à l'oral, individuellement ou en groupe. Voici quelques suggestions :

- ☐ Reconstituer l'itinéraire de lecture suivi (ou le résumer) et, si l'on est plusieurs, comparer les différentes lectures.
- ☐ Répertorier les différents personnages rencontrés et en faire le portrait (à partir des informations données dans le texte ou suivant votre imagination).
- ☐ Localiser les différents lieux sur la carte de la Bretagne.

Outre ces suggestions, nous vous proposons une série d'activités écrites qui doivent vous permettre, d'une part, une meilleure compréhension du texte et de la langue française, d'autre part, d'aborder certains aspects culturels de la France.

Ces activités peuvent être réalisées après la lecture complète du *Secret de la sirène* (« Questions de bons sens ») ou en cours de lecture (« Jeux de société », « Sur le bout de la langue »). Tout cela est suivi d'un corrigé où vous trouverez les réponses aux questions.

Questions de bon sens

Les numéros renvoient aux chapitres dont il est question.

SITUATION INITIALE

1 ☐ Qui est Julien Moreau ?
☐ Que vous apprend Mᵉ Moreau dans sa lettre ?

146 ☐ Pourquoi faut-il que vous alliez à Ploërmel ?

22 ☐ Est-ce que Jean-Jacques Louvet de la Barre est un de vos ancêtres ?
☐ De quoi héritez-vous ?

15 ☐ Comment le notaire a-t-il pu vous retrouver ?

30 ☐ Quand Jean-Jacques Louvet de la Barre est-il mort ?
☐ Quelle était sa profession ?

66 ☐ Jean-Jacques Louvet de la Barre n'a pas de tombe. Pour quelle raison ?

AUTRES SITUATIONS

2 ☐ Est-ce que la statuette est toujours dans l'église ? Pourquoi ? (Lire aussi le n° 83.)

26 ☐ « Ce genre de zigotos. » De qui parle le chef d'orchestre ?
a - D'Eugène Courtot.
b - Des musiciens.
c - Des membres de la secte.

28 ☐ Pourquoi pensez-vous que la phrase n'est pas complète ?

54 ☐ Quelles sont les informations inscrites sur la tombe ?

55 ☐ Pourquoi le conservateur dit-il : « Ce n'est pas bien grave », quand il voit que la statuette est cassée ?

56 ☐ Que trouvez-vous dans la cellule ?

60 ☐ Est-ce qu'il y a encore beaucoup de pêche artisanale en Bretagne ? Pourquoi ?
☐ Qui sont « les gros » dont il parle ?
a - Les petits pêcheurs.
b - Les entreprises de pêche industrielle.
c - Les pêcheurs qui sont trop lourds.

72 ☐ De quoi parlent Firmin et le comte ? Relisez le chapitre 159 et comparez les deux conversations.

81 ☐ Pourquoi Michel Ferran a-t-il vendu la statuette ?

85 ☐ Qui est l'Ankou ? Pensez-vous que ce personnage existe réellement ?

89 ☐ Qui est Michel Ferran ? Pourquoi lui rendez-vous visite ? (Lire aussi le n° 81.)
☐ « Je ne suis pas gardien de phare par vocation. » Cela veut dire :
a - « Je n'ai pas choisi mon métier. »
b - « J'ai toujours rêvé d'exercer cette profession. »
c - « C'est le métier que j'ai choisi. »

96 ☐ À l'origine, pourquoi le beurre était-il salé ?

98 ☐ Quel âge ont les membres de la communauté ? Pensez-vous qu'Eugène Courtot est l'un d'eux ? Pourquoi ? (Lire aussi le chapitre n° 94.)

103 ☐ Les guillotinés n'avaient pas leur propre tombe. Alors, pourquoi J.-J. Louvet de la Barre en a-t-il une ?

105 ☐ Pourquoi M. Triffoc a-t-il donné la statuette à Pierrot ?

124 ☐ Que se passe-t-il pendant que vous parlez au gardien ?

133 ☐ Cette secte est présentée avec humour. Relevez tous les détails qui vous semblent drôles.

137 ☐ Où M. Triffoc a-t-il vendu sa collection d'objets ?

140 ☐ Est-ce que l'antiquaire a toujours la statuette dans son magasin ?

142 ☐ Qui est Totor ?

144 ☐ Quel détail de la photo du livre de Gaston Plisson vous fait penser à la statuette représentée par le graffiti ?

149 ☐ Pourquoi ne pouvez-vous pas téléphoner à Porz Hir ?

155 ☐ Est-ce que le secret de J.-J. Louvet de la Barre se trouve dans cette statuette ?

159 ☐ Quels sont les mots et les expressions qui vous font croire que votre vie est en danger ?

Jeux de société
La Bretagne, vous connaissez ?

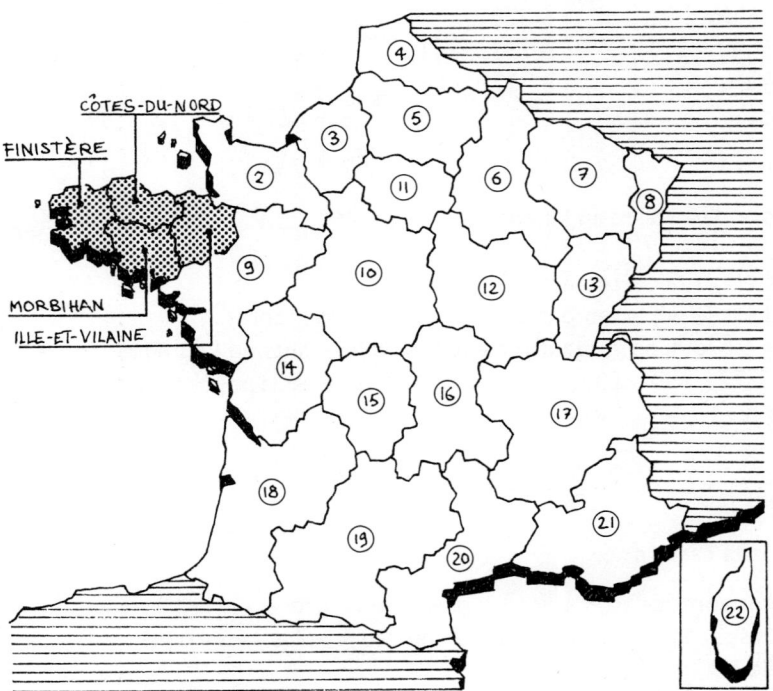

LA BRETAGNE, RÉGION DE FRANCE

La Bretagne est une région divisée en quatre départements : le Finistère, les Côtes-du-Nord, l'Ille-et-Vilaine, le Morbihan.
- ☐ Quelles sont les autres régions de France que vous connaissez ? Situez-les sur la carte.
- ☐ Comment s'appellent les mers et l'océan situés autour de la France ? Au Nord ? À l'Ouest ? Au Sud ?

(Autrefois, la Bretagne comprenait également la Loire-Atlantique. Pour cette raison, Nantes est encore souvent considérée comme une ville bretonne.)

LA BRETAGNE EN CHIFFRES

	superficie (km²)	population (en 1987)	densité moyenne*
Côtes-du-Nord	6 878	546 100	79
Finistère	6 733	843 000	125
Ille-et-Vilaine	6 757	774 300	114
Morbihan	6 823	608 350	89
Bretagne	27 191	2 771 750	102

* Nombre d'habitants au kilomètre carré (km²).

1. Quel est le département le plus grand ?
2. Quel est le département qui a le moins d'habitants ?
3. Quel est le département qui a le plus d'habitants au kilomètre carré ?
4. Il y a 2 771 750 habitants en Bretagne. Quelle est la population de la France aujourd'hui ?

OBSERVEZ

Regardez la carte p. 61.

1. Quelles sont les trois villes les plus importantes ?
2. Quels sont les trois ports de commerce les plus importants ?
3. Quelle est la principale forêt ?
4. Quelles sont les trois plus grandes îles ?
5. Dans quelles villes peut-on voir les plus beaux châteaux ?

MOYENS DE TRANSPORT

Choisissez deux villes situées en Bretagne (sur la carte p. 61).
Cherchez ensuite l'itinéraire le plus court (en voiture, en train, en avion... ou en bateau).
Ex : Vitré ⟶ Lorient
   Le plus court est de prendre le train jusqu'à Rennes, puis de prendre l'avion jusqu'à Lorient (car il y a un aéroport dans ces deux villes).

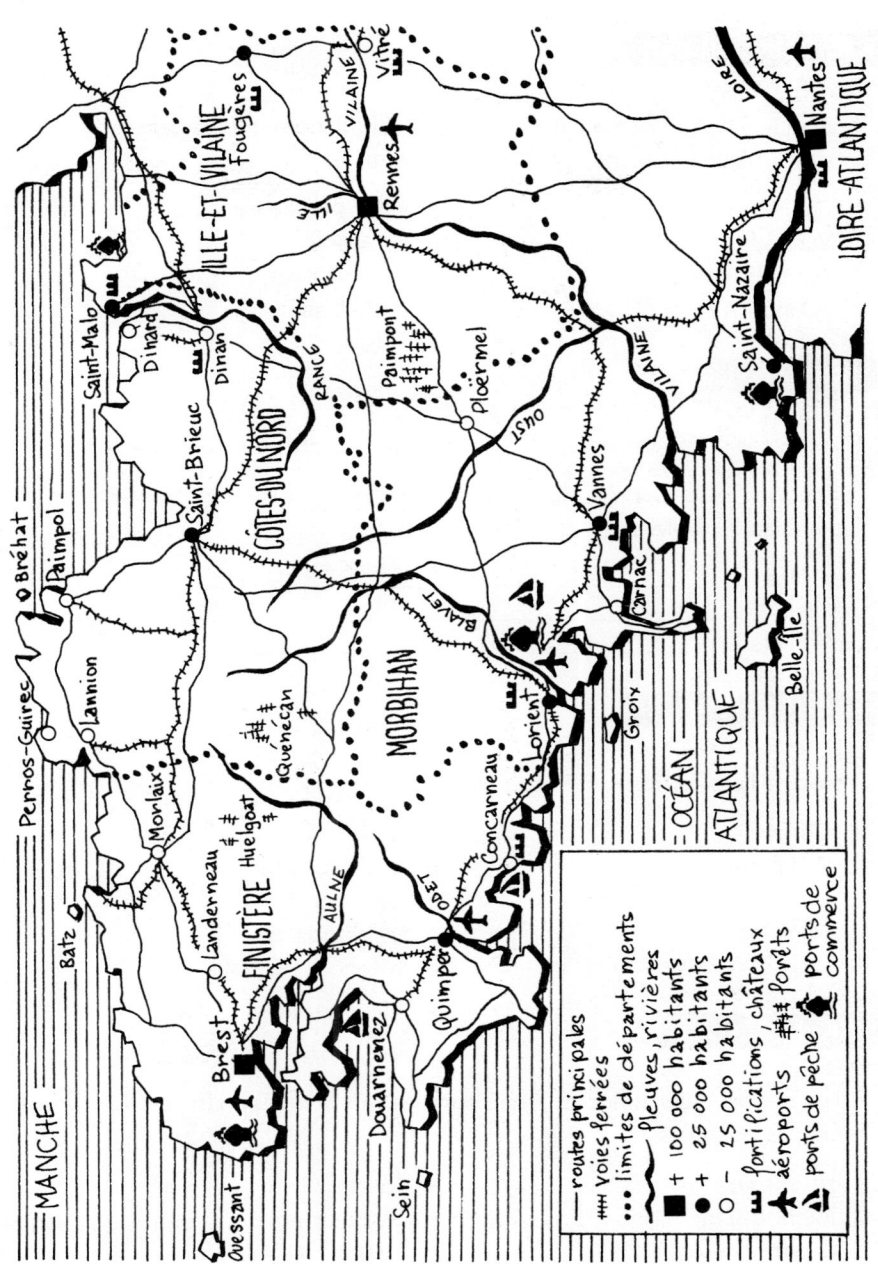

VILLES ET DÉPARTEMENTS

À chaque ville son département. Reliez chaque ville au département où elle se situe. (Aidez-vous des cartes pp. 59 et 61.)

1. Quimper
2. Vannes
3. Saint-Brieuc
4. Rennes

a. Côtes-du-Nord
b. Finistère
c. Ille-et-Vilaine
d. Morbihan

LIEUX DE BRETAGNE

Classez ces noms de lieux. (Aidez-vous de la carte p. 61.)

Paimpont ☐ Ouessant ☐ Quimper ☐ Bréhat ☐ Lorient ☐ Saint-Brieuc ☐ Quénécan ☐ Belle-Île...

Les villes : _____
Les îles : _____
Les forêts : _____

CURIOSITÉS TOURISTIQUES

Associez lieux et curiosités touristiques :

1. Carnac
2. Paimpont
3. Quimper
4. Saint-Malo
5. Vitré

a. la faïence
b. le château-fort
c. les menhirs
d. les remparts
e. la forêt

MARCHÉS DE BRETAGNE

Parmi ces produits agricoles, quels sont les plus cultivés en Bretagne ? (Deux réponses possibles.)

1. la courge
2. le chou-fleur
3. l'aubergine
4. l'olive
5. le concombre
6. l'artichaut

INSTRUMENTS DE MUSIQUE

Parmi ces instruments, deux appartiennent à la tradition bretonne. Lesquels ?

1. la guitare
2. le biniou
3. le saxophone
4. la bombarde
5. la trompette
6. la flûte
7. le tuba
8. la batterie

ÉCRIVAINS NÉS EN BRETAGNE

Trouvez les noms de deux célèbres écrivains bretons.

☐ _____ (1768-1848) a écrit *Le Génie du christianisme*, *Mémoires d'outre-tombe*.

☐ _____ (1828-1905) a écrit *Vingt Mille Lieues sous les mers*, *Le Tour du monde en quatre-vingts jours*.

INSPIRATION LITTÉRAIRE

La Bretagne a inspiré de nombreux écrivains. Associez auteurs et titres :

1. Chrétien de Troyes
2. Madame de Sévigné
3. Honoré de Balzac
4. Pierre Loti
5. Pierre-Jakez Hélias

a. *Les Chouans*
b. *Pêcheur d'Islande*
c. *Roman de la table ronde*
d. *Les Lettres*
e. *Le Cheval d'orgueil*

QUOTIDIENS RÉGIONAUX

Parmi ces quotidiens régionaux, quels sont les deux que l'on trouve en Bretagne ?

1. *Le Provençal*
2. *Nord-Matin*
3. *Ouest-France*
4. *La Liberté du Morbihan*
5. *L'Est Républicain*
6. *Le Dauphiné Libéré*

PERSONNAGES CÉLÈBRES

Ces hommes sont nés en Bretagne. Pourquoi sont-ils célèbres ?

1. Fulgence Bienvenüe (1852-1936)
2. Jacques Cartier (1491-1557)
3. Louis Jouvet (1887-1951)
4. Robert Surcouf (1773-1827)
5. Jules Verne (1828-1905)

a. Navigateur, découvre le Canada
b. Écrivain, imagine des voyages extraordinaires
c. Ingénieur, réalise le métro parisien
d. Célèbre corsaire
e. Acteur de théâtre et de cinéma

DANS LA PURE TRADITION...

Retrouvez la définition correspondant à chaque élément traditionnel :

1. une coiffe
2. une gavotte
3. un fest-noz
4. un lit clos
5. un sonneur de biniou

a. bal, fête de nuit
b. coiffure féminine en tissu ou en dentelle
c. danse, musique qui vous fait danser
d. musicien jouant de cet instrument traditionnel
e. sorte d'armoire en bois où l'on dormait derrière de grandes portes sculptées

QUESTIONS-RÉPONSES

1. Quelle est la plus grande île de Bretagne ?
2. Comment appelle-t-on les pierres dressées que l'on trouve en Bretagne ?
3. Qu'est-ce qu'un far breton ?
4. Comment s'appellent les restaurants où l'on mange des crêpes ?
5. Quelle forêt s'appelait autrefois la forêt de Brocéliande ?
6. Quelle est la particularité du beurre de Bretagne ?

La mer

QUEL EST L'INTRUS ?

Quel est celui qu'on ne rencontre jamais en mer ?

1. le navigateur ☐ le pêcheur ☐ le mousse ☐ l'astronaute ☐ le marin.
2. la sardine ☐ la morue ☐ le thon ☐ la sole ☐ l'artichaut.
3. le voilier ☐ le planeur ☐ le paquebot ☐ le pétrolier ☐ le cargo.
4. la moule ☐ l'huître ☐ l'ourson ☐ la coquille Saint-Jacques ☐ la palourde.
5. les vagues ☐ les flots ☐ la marée ☐ la houle ☐ la bougie.

JOUR DE TEMPÊTE

Complétez avec les mots suivants : *marée, large, vagues, tempête, navigation, rochers*.

Hier, la _____ de plaisance était fortement déconseillée. C'est à _____ haute que la _____ a commencé à se déchaîner. Au _____, on a vu des _____ de plus de trois mètres de haut ; plusieurs bateaux ont échoué sur les _____.

EXPRESSIONS IMAGÉES

Retrouvez le sens de ces expressions :

1. un homme à la mer
2. ce n'est pas la mer à boire
3. il boirait la mer et les poissons
4. c'est une goutte d'eau dans la mer
5. il a le mal de mer

a. il est très inquiet, déconcerté
b. il a très soif
c. ce n'est pas très important
d. ce n'est pas très difficile
e. il est malade en bateau

LA MER QU'ON VOIT DANSER...

Retrouvez l'interprète de chaque chanson :

1. *La Mer*
2. *Les Vacances au bord de mer*
3. *Méditerranée*
4. *Belle-Île-en-Mer Marie-Galante*

a. Tino Rossi
b. Charles Trénet
c. Laurent Voulzy
d. Michel Jonasz

POISSONS DE MER OU DE RIVIÈRE ?

Connaissez-vous aussi bien les poissons que le comte de Trévenec ? Lesquels vivent en mer ? Lesquels vivent en eau douce ?

1. le brochet
2. la carpe
3. la sardine
4. le maquereau
5. le requin
6. la raie
7. la truite
8. le thon

COQUILLAGES ET CRUSTACÉS.

Retrouvez le nom de ces fruits de mer :

1. la crevette
2. l'huître
3. la coquille Saint-Jacques
4. la moule
5. la langouste

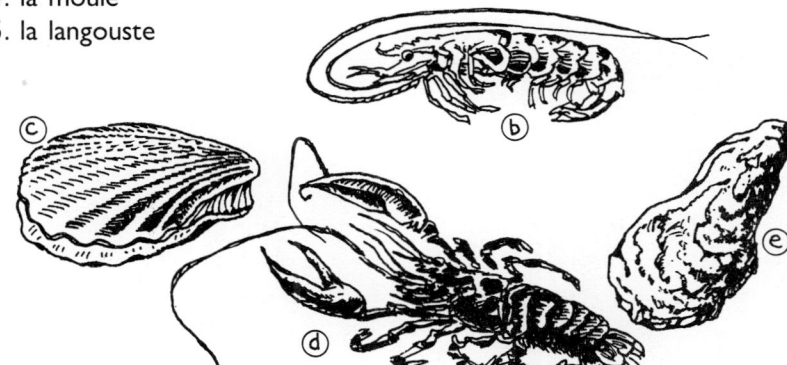

QUEL EST CE BATEAU ?

À chaque bateau son usage :

1. un porte-avion
2. un remorqueur
3. un ferry-boat
4. un pétrolier
5. un chalutier
6. un yacht

a. transport de passagers
b. transport de marchandises
c. pêche
d. marine de guerre
e. plaisance
f. sauvetage

Un peu d'histoire...

LA BRETAGNE ET SON HISTOIRE

Replacez ces quatre événements dans leur ordre chronologique :

1. La chouannerie, réaction contre la Révolution de 1789.
2. Le bombardement de Brest pendant la Seconde Guerre mondiale.
3. La révolte des « bonnets rouges » sous le règne de Louis XIV.
4. Les Celtes envahissent la Bretagne.

IL ÉTAIT UNE FOIS LA RÉVOLUTION

Répondez à ces questions. (Une seule réponse possible.)

1. Qui était le roi de France en 1789 ?
   a. Henri IV
   b. Louis XIV
   c. Louis XVI
   d. Napoléon

2. La prise de la Bastille est un des principaux événements de la Révolution. La Bastille était :
   a. un château
   b. une prison
   c. un théâtre
   d. la Chambre des députés

3. En quelle année fut signée la Déclaration des droits de l'homme et du citoyen ?
   a. 1769
   b. 1779
   c. 1789
   d. 1799

PERSONNAGES HISTORIQUES

Parmi ces personnages, trois ont vécu pendant la Révolution française. Lesquels ?

1. Marie-Antoinette
2. Jean Moulin
3. Du Guesclin
4. Danton
5. Robespierre
6. Jeanne d'Arc

QUI DIT VRAI ?

	V	F
1. Le breton est une langue celte comme le gallois ou l'irlandais.		
2. Les chouans se sont opposés à la Révolution.		
3. « Breiz » signifie « Bretagne » dans la langue bretonne.		
4. Le débarquement allié eut lieu en Bretagne, le 6 Juin 1944.		
5. Il y a des châteaux-forts en Bretagne.		
6. La Bretagne est une province française depuis 1981.		

LÉGENDES D'AUTREFOIS

Parmi ces êtres fantastiques, retrouvez les trois qui appartiennent aux légendes bretonnes :

1. L'Ankou (personnification de la mort)
2. Le Minotaure (homme à tête de taureau)
3. La fée Morgane (déesse des eaux, sœur du roi Arthur)
4. Merlin l'Enchanteur (magicien de la forêt de Brocéliande)
5. Dracula (vampire)

La Bretagne gourmande

SPÉCIALITÉS BRETONNES

Qu'est-ce que c'est ?

1. la galette de sarrasin
2. le far breton
3. le brochet au beurre blanc
4. la potée bretonne
5. le chouchenn

a. poisson de rivière préparé en sauce
b. épaule d'agneau avec des saucisses et des légumes
c. sorte de flan aux pruneaux
d. crêpe (pâte à base de farine de sarrasin, d'œufs, de lait, cuite à la poêle).
e. boisson alcoolisée à base de miel

CHERCHEZ L'ERREUR

Une erreur s'est glissée dans la recette de la pâte à crêpes. Retrouvez-la.

Pâte à crêpes (pour deux personnes) :
Versez 50 grammes de farine dans un récipient, ajoutez un œuf, une pincée de sel et deux cuillerées de vinaigre. Mélangez en ramenant peu à peu la farine vers le centre. Ajoutez progressivement du lait en mélangeant pour obtenir une pâte lisse. Laissez-la reposer pendant une heure.

VINS BLANCS

Parmi ces vins blancs, deux proviennent de la région de Nantes. Lesquels ?

1. le sauterne
2. le muscadet
3. le riesling
4. le sylvaner
5. le gros plan
6. le condrieu

CRÊPERIE

Regardez la carte que vous propose une crêperie et répondez aux questions.

Nos crêpes salées (ou galettes de sarrasin)
simple : fromage + jambon
forestière : fromage + jambon + champignons
complète : fromage + oeuf + jambon
morbihanaise : saucisson + tomate + crème fraîche
brestoise : crevettes + champignons + béchamel
spéciale : jambon + champignons + crème fraîche

Nos crêpes sucrées
carnac : chocolat + noix
celtique : pomme + confiture de groseilles + cannelle
gavotte : fraises + crème fraîche + sucre
nature : sucre + beurre
flambée : pomme + calvados + sucre

1. Quelle crêpe salée choisiriez-vous ?
2. Quelle crêpe sucrée choisiriez-vous ?
3. Quels noms de crêpes évoquent le plus la Bretagne ?
4. Suggérez d'autres ingrédients que vous aimeriez manger dans une crêpe. Trouvez un nom pour cette nouvelle crêpe que vous venez d'inventer.

LE CIDRE, QU'EST-CE QUE C'EST ?

(Une seule réponse possible.)

1. du sirop de cassis
2. une boisson alcoolisée à base de jus de pomme
3. un vin blanc
4. une boisson alcoolisée à base de jus de tomate
5. du lait de chèvre

Sur le bout de la langue

MASCULIN-FÉMININ

Complétez :

_____   pompiste
_____   comtesse
directeur
_____   solitaire
musicien   _____
antiquaire
                              _____

FORMULES DE POLITESSE

Associez les formules de politesse aux personnes à qui l'on s'adresse.

Ex : Mon père ──────────→ un prêtre
   1. Mon commandant   a. un médecin
   2. Docteur   b. une religieuse
   3. Professeur   c. un notaire
   4. Maître   d. un enseignant à l'Université
   5. Ma sœur   e. un militaire

ESPRIT DE CONTRADICTON

Donnez le contraire des mots en italique.

Ex : Tout cela vous a *ouvert* l'appétit.
    ──────→ Tout cela vous a *coupé* l'appétit.
   1. Lire à *haute* voix.
   2. La pluie *commence* à tomber.
   3. Prouver votre *innocence*.
   4. Vous vous *approchez* de lui.
   5. La soirée *se termine*.
   6. Vous *dépliez* une grande feuille blanche.

INTENTIONS

Retrouvez ce qu'exprime chacune de ces phrases.

1. Vous êtes stupéfait.
2. Fichez-moi la paix !
3. Je suis absolument désolé.
4. L'homme s'éloigne en ronchonnant.
5. Vous voulez quelque chose ?

a. la colère
b. le mécontentement
c. l'offre
d. l'excuse
e. l'étonnement

DOUBLE SENS

Cachet, original, légende, pont, taille, sirène.
Tous ces mots ont un double sens. Complétez les phrases suivantes. Chaque mot doit apparaître deux fois : une fois dans la colonne A et une fois dans la colonne B (avec un autre sens).

A

☐ La Bretagne est un pays de *légendes*.

☐ Une _____ est une divinité de la mer dont le chant attirait les marins.

☐ Le _____ de la poste était de Ploërmel.

☐ Le _____ du bateau est minuscule.

☐ Vous avez de la boue jusqu'à la _____.

☐ Cet objet est une copie, _____ est à l'atelier de restauration.

B

☐ Il ne fait rien comme les autres, c'est un _____ !

☐ Vous passez sur le _____ qui enjambe la Loire.

☐ C'est un homme de _____ moyenne, il doit mesurer 1,75 m environ.

☐ Sous le dessin, vous pouvez lire la *légende*.

☐ J'entends la _____ des pompiers, il y a sûrement le feu.

☐ Si vous avez mal à la tête, prenez un _____ d'aspirine.

PROFESSIONS

Voici des personnages que vous avez peut-être rencontrés dans votre aventure en Bretagne. Quelle est leur profession ?

Ex : M. Ferran s'occupe du phare de l'île de Bréhat ; il est gardien de phare.
1. Mme Picard vend des objets anciens ; elle est _____ .
2. M. Moreau gère l'héritage de J.-J. Louvet de la Barre ; il est _____ .
3. M. Collet cultive la terre ; il est _____ .
4. Mme Legoff conduit un taxi à Brest ; elle est _____ .
5. M. Courtot joue du tuba ; il est _____ .
6. M. Botrel dit la messe ; il est _____ .

MÊME PRONONCIATION

Maire, *mère* ou *mer* ? Complétez.
1. La _____ est basse ce matin.
2. Quel est le _____ qui vous a mariés ?
3. Ils ont une maison au bord de la _____ .
4. Si tu n'es pas sage, je vais le dire à ta _____ .
5. C'est une _____ très occupée avec ses trois enfants.
6. Si vous n'obtenez rien, demandez au _____ de la ville.

UN VITRAIL, DES VITRAUX

Quel est le pluriel de ces noms ?

un château : _____   un lieu : _____
un carnaval : _____   un soupirail : _____
un voilier : _____   un cargo : _____
un travail : _____   un artichaut : _____
un océan : _____   un animal : _____
un bateau : _____   un portail : _____

PRONOMS COMPLÉMENTS

Remplacez les groupes de mots en italique par un pronom.

Ex : Vous escaladez *le mur* ⟶ Vous *l'*escaladez.
　1. Vous pouvez déchiffrer *le nom et les dates*.
　2. Vous connaissez *Maurice Triffoc* ?
　3. On a beaucoup *de problèmes*.
　4. Vous demandez *au chauffeur de taxi* de suivre *le bus*.
　5. Vous sortez *l'enveloppe* de votre poche.
　6. Vous n'avez pas vu *le panneau*.

DE VOUS À MOI

Récrivez le chapitre 70 en remplaçant *vous* par *je* et faites les transformations nécessaires :
Je demande au chauffeur...

Ce même exercice peut être fait à partir de nombreux chapitres.

PRONOMS INTERROGATIFS

Complétez avec : *qui, où, combien, comment, quel, quelle.*

1. _____ objet avez-vous perdu ?
2. _____ se trouve l'île d'Ouessant ?
3. _____ êtes-vous venu ?
4. _____ a volé la statuette ?
5. _____ coûte ce cendrier ?
6. _____ crêpe me conseillez-vous ?

ACCORD DES PARTICIPES

Complétez les phrases suivantes en mettant les verbes au passé composé.

Ex : Il *a parcouru* le monde entier. *(parcourir)*
　1. Le capitaine _____ une curieuse décision. *(prendre)*
　2. Vous _____ la patronne du café. *(remercier)*

3. Cette statuette _____ à un pêcheur de Porz Hir. *(appartenir)*
4. La lumière des dortoirs _____. *(s'éteindre)*
5. Je la lui _____. *(donner)*
6. On vous _____ du jus de légumes. *(offrir)*

ACCORD DES ADJECTIFS

Complétez les phrases avec les adjectifs suivants : *blanc, ancien, long, léger, beurré, breton*.

Ses cheveux sont aussi _____ que sa moustache.
Vous achetez une boussole _____.
Il fumait une _____ pipe en terre.
Vous décelez un _____ sourire.
Vous commandez un café et des tartines _____.
Connaissez-vous des légendes _____ ?

LA DERNIÈRE FOIS...

« *Quand avez-vous vendu une statuette ?*
— *La dernière fois que j'en ai vendu une, c'était il y a un an.* »

Sur ce modèle, répondez aux questions suivantes :

1. « Quand êtes-vous allé(e) au cinéma ?
   — La dernière fois que j'y suis allé(e), c'était il y a _____. »
2. « Quand avez-vous reçu une lettre de l'étranger ?
   — _____. »
3. « Quand avez-vous visité un musée ?
   — _____. »
4. « Quand avez-vous pris le bateau ?
   — _____. »
5. « Quand avez-vous passé un examen ?
   — _____. »
6. « Quand êtes-vous allé(e) à l'hôpital ?
   — _____. »

RÉPONSES NÉGATIVES

Répondez aux questions par des phrases négatives.

Ex : « Est-ce qu'il a mangé des fruits de mer ?
— Non, il n'en a pas mangé. »
1. Est-ce que vous avez rattrapé le voleur ?
2. Est-ce que vous avez bu du cidre ?
3. Est-ce qu'il y a du beurre dans les crêpes ?
4. Est-ce que vous avez vu Eugène Courtot ?
5. Est-ce qu'il y a des sirènes chez l'antiquaire ?
6. Est-ce qu'il y a encore des Celtes en Bretagne ?

EXPRESSION DU TEMPS

Remplacez les mots en italique par une expression équivalente.

Ex : *Quand vous avez fini de dîner*, vous êtes sorti.
⟶ *À la fin du dîner,* vous êtes sorti.
1. *Quand la nuit est tombée*, vous étiez dans la forêt.
2. Il m'a écrit *dès qu'il est rentré*.
3. *Quand vous êtes sorti de l'hôpital*, vos vacances étaient terminées.
4. Vous êtes arrivé *quand le musée fermait ses portes*.
5. *Dès que l'enquête a commencé*, vous pensiez à une plaisanterie.

RÉCIT AU PASSÉ

Le chapitre 70 est au présent. Mettez les verbes au passé. (Attention à la concordance des temps !)
Vous avez demandé au chauffeur de taxi de suivre le bus qui se dirigeait vers la banlieue...

Même exercice avec le chapitre 110 :
Totor vous a remercié(e) d'avoir accepté...

STYLE INDIRECT

Récrivez le chapitre 81 en supprimant le dialogue :

Vous lui dites que vous cherchez un objet...

DEMANDEZ

Posez des questions portant sur les mots en italique.

Ex : Vous partez *en Bretagne* ⟶ *Où* partez-vous ?
 1. Vous arrivez *à l'ouverture de la bibliothèque*.
 2. Elle ressemble *au graffiti*.
 3. Vous téléphonez *à l'historien*.
 4. Vous commandez *un café et des tartines beurrées*.
 5. Il est à la retraite *depuis trois ans*.
 6. Vous notez la phrase *sur votre carnet*.

82

Solutions

QUESTIONS DE BON SENS

1	Julien Moreau est notaire à Ploërmel, en Bretagne. ☐ Dans sa lettre, Me Moreau vous apprend que vous héritez de Jean-Jacques Louvet de la Barre, un homme qui a vécu au XVIIIe siècle.
146	Parce que J. Moreau doit vous remettre une enveloppe. Il ne peut pas l'envoyer.
22	Non. ☐ D'une enveloppe scellée.
15	Il a demandé à un géographe d'interpréter les schémas laissés par J.-J. Louvet de la Barre. Ces schémas indiquent le lieu où vous habitez.
30	Il est mort en 1792. ☐ Il était capitaine d'un bateau de commerce avant de devenir corsaire.
66	Parce que les personnes guillotinées avaient rarement leur propre tombe.
2	Non. ☐ Le prêtre l'a vendue à un musée pour faire réparer le clocher de l'église.
26	c.
28	Parce qu'il n'y a pas de majuscule : *tu ne...*
54	« J.-J. Louvet de la Barre (1748-1792) » et cette épitaphe : « tu ne trouveras rien - dans le ventre d'une sirène ».
55	Parce que cette statuette est une copie ; on est en train de restaurer l'original.
56	Un dessin représentant une sirène avec un bras en moins et accompagné des initiales JJLB.
60	Non, car la concurrence est trop importante avec la pêche industrielle et les pêcheurs isolés ne gagnent pas assez d'argent pour vivre. ☐ b.
72	Ils parlent d'un blaireau que Firmin a tué. Au chapitre 159, vous pensiez qu'ils parlaient de vous.
81	Parce qu'il avait besoin d'argent (pour rembourser ses dettes).
85	C'est un personnage légendaire en Bretagne qui représente la mort.
89	Il est gardien de phare. ☐ Parce que son père a possédé la statuette que vous cherchez. ☐ a.
96	Pour qu'il reste frais plus longtemps (quand il n'y avait pas de réfrigérateur).
98	Environ 30 ans. ☐ Non. ☐ Il est dit qu'il a environ 50 ans (chapitre 94).
103	Son cas est particulier : il avait donné son corps à la faculté de médecine.
105	Pour le remercier de lui avoir sauvé la vie.

124 Un homme vole la statuette.
133 « Nous cultivons surtout des artichauts », le nom de la statue (« le grand Yoyo »), « principe suprême, prince de l'énergie », « nous ne mangeons que des légumes bouillis »...
137 À la salle des ventes.
140 Non.
142 Le chef de la communauté (le responsable de la secte).
144 Les deux sirènes n'ont pas de bras droit.
149 Parce que le téléphone ne marche plus à cause d'une tempête.
155 Non : la statuette est bien creuse, mais elle est vide.
159 « Vous ne l'avez pas encore tué ! Je vous ordonne de le faire ! », « vous savez que j'ai le cœur sensible », « vous êtes trop cruel ».

JEUX DE SOCIÉTÉ

La Bretagne, région de France. ☐ 2. Basse-Normandie. 3. Haute-Normandie. 4. Nord-Pas-de-Calais. 5. Picardie. 6. Champagne-Ardenne. 7. Lorraine. 8. Alsace. 9. Pays de la Loire. 10. Centre. 11. Île-de-France. 12. Bourgogne. 13. Franche-Comté. 14. Poitou-Charentes. 15. Limousin. 16. Auvergne. 17. Rhône-Alpes. 18. Aquitaine. 19. Midi-Pyrénées. 20. Languedoc-Roussillon. 21. Provence-Alpes-Côte d'Azur. 22. Corse. ☐ La Manche, l'océan Atlantique, la Méditerranée.
La Bretagne en chiffres. 1. Les Côtes-du-Nord. 2. Les Côtes-du-Nord. 3. Le Finistère. 4. 55,5 millions (en 1987).
Observez. 1. Nantes, Rennes, Brest. 2. Saint-Nazaire, Lorient, Brest. 3. Forêt de Paimpont. 4. Belle-Île, Ouessant, Groix. 5. Nantes, Saint-Malo, Vannes, Vitré.
Villes et départements. 1b, 2d, 3a, 4c.
Lieux de Bretagne. Villes : Quimper, Lorient, Saint-Brieuc... ☐ Îles : Ouessant, Bréhat, Belle-Île... ☐ Forêts : Paimpont, Quénécan...
Curiosités touristiques. 1c, 2e, 3a, 4d, 5b.
Marchés de Bretagne. 2, 6.
Instruments de musique. 2, 4.
Écrivains nés en Bretagne. Chateaubriand, Jules Verne.
Inspiration littéraire. 1c, 2d, 3a, 4b, 5e.
Quotidiens régionaux : 3, 4.
Personnages célèbres. 1c, 2a, 3e, 4d, 5b.
Dans la pure tradition. 1b, 2c, 3a, 4e, 5d.

Questions-réponses. 1. Belle-Île. 2. Les menhirs. 3. Un flan. 4. Les crêperies. 5. La forêt de Paimpont. 6. Il est salé.

Quel est l'intrus ? 1. l'astronaute. 2. l'artichaut. 3. le planeur. 4. l'ourson. 5. la bougie.
Jour de tempête. navigation ☐ marée ☐ tempête ☐ large ☐ vagues ☐ rochers.
Expressions imagées. 1a, 2d, 3b, 4c, 5e.
La mer qu'on voit danser... 1b, 2d, 3a, 4c.
Poissons de mer ou de rivière ? Mer : 3, 4, 5, 6, 8. ☐ Eau douce : 1, 2, 7.
Coquillages et crustacés. 1b, 2e, 3c, 4a, 5d.
Quel est ce bateau ? 1d, 2f, 3a, 4b, 5c, 6e.

La Bretagne et son histoire. 4, 3, 1, 2.
Il était une fois la Révolution. 1c, 2b, 3c.
Personnages historiques. 1, 4, 5.
Qui dit vrai ? 1V, 2V, 3V, 4F, 5V, 6F.
Légendes d'autrefois. 1, 3, 4.

Spécialités bretonnes. 1d, 2c, 3a, 4b, 5e.
Cherchez l'erreur. Deux cuillerées de vinaigre.
Vins blancs. 2, 5.
Crêperie. 3. morbihanaise, brestoise, carnac, celtique, gavotte.
Le cidre, qu'est-ce que c'est ? 2.

SUR LE BOUT DE LA LANGUE

Masculin-féminin. Pompiste ☐ comte ☐ directrice ☐ solitaire ☐ musicienne ☐ antiquaire.
Formules de politesse. 1e, 2a, 3d, 4c, 5b.
Esprit de contradiction. 1. Lire à voix basse. 2. La pluie cesse (s'arrête) de tomber. 3. Prouver votre culpabilité. 4. Vous vous éloignez de lui. 5. La soirée commence (débute). 6. Vous pliez une grande feuille blanche.
Intentions. 1e, 2a, 3d, 4b, 5c.
Double sens. A. légendes ☐ sirène ☐ cachet ☐ pont ☐ taille ☐ original. B. original ☐ pont ☐ taille ☐ légende ☐ sirène ☐ cachet.

Professions. 1. Antiquaire. 2. Notaire. 3. Agriculteur. 4. Chauffeur de taxi. 5. Musicien. 6. Prêtre.
Même prononciation. 1. mer. 2. maire. 3. mer. 4. mère. 5. mère. 6. maire.
Un vitrail, des vitraux. châteaux ☐ carnavals ☐ voiliers ☐ travaux ☐ océans ☐ bateaux ☐ lieux ☐ soupiraux ☐ cargos ☐ artichauts ☐ animaux ☐ portails.
Pronoms compléments. 1. Vous pouvez les déchiffrer. 2. Vous le connaissez ? 3. On en a beaucoup. 4. Vous lui demandez de le suivre. 5. Vous la sortez de votre poche. 6. Vous ne l'avez pas vu.
De vous à moi. Je demande... j'aperçois... Je me précipite... Le voleur me voit... J'escalade moi aussi la grille. Le voleur semble surpris de me voir... Je me trouve face à un château...
Pronoms interrogatifs. 1. Quel. 2. Où. 3. Comment. 4. Qui. 5. Combien. 6. Quelle.
Accord des participes. 1. a pris. 2. avez remercié. 3. a appartenu. 4. s'est éteinte. 5. ai donnée. 6. a offert.
Accord des adjectifs. Blancs ☐ ancienne ☐ longue ☐ léger ☐ beurrées ☐ bretonnes.
La dernière fois... 2. La dernière fois que j'en ai reçu une, c'était il y a... 3. La dernière fois que j'en ai visité un, c'était il y a... 4. La dernière fois que j'en ai pris un, c'était il y a... 5. La dernière fois que j'en ai passé un, c'était il y a... 6. La dernière fois que j'y suis allé(e), c'était il y a...
Réponses négatives. 1. Non, je ne l'ai pas rattrapé. 2. Non, je n'en ai pas bu. 3. Non, il n'y en a pas. 4. Non, je ne l'ai pas vu. 5. Non, il n'y en a pas. 6. Non, il n'y en a plus.
Expression du temps. 1. À la tombée de la nuit... 2. ... dès son retour. 3. À votre sortie d'hôpital... 4. ... à la fermeture du musée. 5. Dès le début de l'enquête...
Récit au passé. ☐ Vous avez demandé... se dirigeait... vous avez aperçu... descendait... vous vous êtes aussitôt précipité(e)... Le voleur vous a vu(e) et s'est mis à courir. Il a escaladé... s'est engagé... Vous avez escaladé... a semblé... Il a sauté... a fait tomber... a continué... vous vous êtes trouvé(e)... était en train de casser...
☐ ... vous a remercié(e)... vous a invité(e)... êtes entré(e)... ressemblait... étaient... murmuraient... compreniez... s'est levé... s'est approché.
Style indirect. Vous lui dites que vous cherchez un objet qui a appartenu à son père. Il paraît étonné ; vous lui dites que c'est une petite statuette, une sirène en terre cuite, et il s'en souvient, mais à la mort de son père il a tout vendu pour rembourser des dettes. Vous lui demandez s'il se rap-

pelle à qui il a vendu la sirène. C'est à une antiquaire de Brest, Mme Poicard. Il vous demande pour quelle raison vous cherchez cet objet et vous lui dites que vous êtes collectionneur(se). Lui, il construit des maquettes de bateaux...
Demandez. 1. Quand arrivez-vous ? 2. À quoi ressemble-t-elle ? 3. À qui téléphonez-vous ? 4. Que commandez-vous ? 5. Depuis quand est-il à la retraite ? 6. Où (Sur quoi) notez-vous la phrase ?

88

Lexique

Tous les mots ou expressions sont expliqués d'après le sens qu'ils ont dans le texte.

accoster : s'approcher de la terre (pour descendre du bateau).
(s')affoler : perdre tout contrôle, ne plus maîtriser ses gestes.
agacer : énerver, irriter.
(aux) alentours : dans les environs, non loin de là.
ambulance : voiture pour transporter les blessés ou les malades.
ancêtre : personne d'une même famille (ayant vécu avant les grands-parents).
ancre de marine : pièce de métal accrochée à une chaîne et jetée à l'eau pour immobiliser un bateau.
antiquaire : commerçant qui vend des objets anciens.
(ce n'est pas très) appétissant : ça ne donne pas envie de manger.
archives : dossiers anciens, documents historiques.
artichaut : légume dont on mange l'extrémité des feuilles.
artisanat : travail fait à la main.
assassin : celui qui tue quelqu'un.
ateliers artisanaux : où l'on fabrique des objets à la main.
avoir les pieds sur terre : être sérieux, être réaliste.

baie : petit golfe, petite ouverture sur la mer.
banlieue : cités qui entourent une grande ville.
barrer : fermer un chemin (interdire la sortie).
bâtisse : bâtiment assez grand.
bénitier : récipient à eau bénite.
biens : tout ce qui appartient à une personne.
biniou : instrument de musique breton.
blaireau : animal qui vit dans les bois.
bleu de travail : vêtement de travail en toile bleue.
boue : terre mélangée à de l'eau.
boulot (familier) : travail.
bousculer : pousser brusquement.
boussole : appareil qui indique le Nord.
brouillard : nuage très près du sol.
buisson : bouquet de petits arbres sauvages.

cachet : marque imprimée sur l'enveloppe (avec date et lieu de l'envoi) ; autrefois, petit morceau de cire servant à fermer l'enveloppe.
cachot : pièce sombre où l'on enferme les prisonniers.
calvados : alcool fort (à base de pommes).
canot de sauvetage : petit bateau utilisé en cas d'accident.
carnet : petit cahier de poche.
(se) cassent la figure (60) : ont des difficultés financières.

cellule : petite pièce où sont enfermés les prisonniers.
charrette : ancien véhicule de transport tiré par des chevaux.
chef-d'œuvre : très belle œuvre d'art.
chef spirituel : chef religieux.
chemin inverse : le même chemin mais dans le sens contraire.
chimère : produit de l'imagination, illusion.
chouette : oiseau de nuit.
chuchoter : parler à voix basse.
cidre : boisson légèrement alcoolisée à base de jus de pommes.
cierge : longue bougie blanche.
cimetière : lieu où l'on enterre les morts.
(sens) civique : dévouement envers les autres, dans une collectivité.
(au) cœur de : au milieu de.
(par) cœur : de mémoire (exprime une connaissance exacte).
(vous êtes) coincé(e) : vous ne pouvez plus vous échapper.
commissariat : bureau d'un officier de police.
communauté : groupe organisé.
complice du voleur : personne qui a aidé le voleur.
complicité : participation (au vol commis par un autre).
comte : titre de noblesse.
confisquer : saisir de force (par mesure de punition).
conformément à : en respectant ce qui était prévu.
« *conformément au souhait...* » : comme le désirait... comme le voulait...
(prendre) congé de : dire au revoir, quitter quelqu'un.
conservateur : personne qui est responsable d'un musée, d'un monument ou d'une bibliothèque.
consulter un livre : chercher des renseignements dans un livre.
continent : grande étendue de terre (en opposition avec *île*).
coquille Saint-Jacques : coquillage.
corsaire : capitaine ou marin qui attaquait les bateaux de commerce ennemis, pour le compte du roi.
creux (creuse) : vide à l'intérieur.
croisière : voyage en mer (tourisme).
(être) croyant : avoir une foi religieuse, croire à un dieu.
cruel : qui aime faire souffrir.

débarquer : descendre du bateau.
débris : morceaux d'un objet cassé.
déceler : remarquer, distinguer.
déçu : le comte regrette que vous n'ayez pas accepté son invitation.
déguster : boire (ou manger) quelque chose de bon.
délirer : dire des absurdités, perdre la raison.
désespérément (61) : avec beaucoup d'énergie mais sans résultat.
dévaler : descendre rapidement.

donner en mains propres : donner directement (sans passer par une autre personne).
dortoir : grande salle commune où dorment les membres de la communauté.
(beurre) doux : beurre sans sel.
(s')éclipser : partir rapidement.
emmitouflé : couvert de vêtements chauds.
emprisonné : mis en prison.
enceinte : espace entouré de murs (à l'intérieur du château).
énigmatique : mystérieux, difficile à comprendre.
enjamber : passer par-dessus.
enrôler : amener à s'engager dans un groupe.
en-tête : nom et adresse imprimés en haut d'une lettre.
épitaphe : inscription sur la tombe.
escalader : passer par-dessus.
escarpé : en pente raide, d'accès difficile.

faire froid dans le dos : faire peur, inquiéter.
faire le point : préciser la situation où l'on se trouve.
fanfare : orchestre (composé essentiellement de cuivres et de trompettes).
fantôme : être fantastique ; apparition surnaturelle d'une personne morte.
(se) faufiler : se glisser à travers.
fausser compagnie : quitter, s'absenter discrètement.
faux : lame de métal fixée sur un long manche avec laquelle on coupe le blé ou l'herbe.
fendillée : avec des petites fentes (ouvertures étroites et longues).
feuilleter : tourner rapidement les pages.
filet : ce qui permet de prendre les poissons.
flâner : marcher sans but précis, se promener.
frottement : contact de deux objets l'un contre l'autre.
fruits de mer : coquillages et crustacés.

gars (familier) : homme.
généreux : qui donne facilement aux autres.
géographe : spécialiste de géographie.
gesticuler : bouger, faire beaucoup de gestes.
globe terrestre : sphère sur laquelle est dessinée une carte de la terre.
gouvernail : ce qui sert à diriger un bateau (situé à l'arrière).
graffiti : inscription ou dessin tracé(e) sur un mur.
grimper : monter.
grinçant : qui fait un bruit aigu et désagréable.
guillotiné : condamné à mort qui avait la tête coupée par la guillotine.

hantée : habitée par des esprits, des fantômes.
héritage : les biens* reçus par l'héritier.
hériter : recevoir les biens d'une personne morte.

héroïque : très courageux(se).
housse : sac servant à protéger un objet.
hululer : crier (oiseaux de nuit).
hurler : crier très fort.

imperméable : vêtement pour se protéger de la pluie.
incendie : grand feu qui cause des dégâts.
indice : signe, renseignement qui peut être utile.
intact : n'a pas été abîmé, n'est pas cassé.
interpeller : adresser la parole (à quelqu'un).

jardin botanique : où les plantes sont classées par espèces.
jadis : autrefois.

kiosque à journaux : petit abri où l'on vend des journaux.

(au) large de : en face de (en mer).
légende : histoire merveilleuse, récit populaire traditionnel, plus ou moins fabuleux.
léguer : donner (par testament*).
louche : suspect, bizarre.
lueur : lumière.

maître (ou Mᵉ) : titre donné aux notaires et aux avocats.
mal à l'aise : gêné(e).
majuscule : lettre que l'on trouve en début de phrase (*T* est majuscule, *t* est minuscule).
manoir : maison ancienne entourée de terres.
maquette : reproduction d'un objet en taille réduite.
marécage : terrain très humide recouvert de boue*.
marmite : récipient avec un couvercle pour cuire les aliments.
mascotte : porte-bonheur.
mât : pièce de bois (ou de métal) qui porte les voiles d'un bateau.
(avec) méfiance : avec prudence (votre visite l'inquiète un peu).
membre : personne faisant partie d'un groupe.
menhir : énorme bloc de pierre dressé.
(hôtel) modeste : hôtel bon marché, peu luxueux.
moisi/moisissure : taches provoquées par l'humidité.
monotone : ennuyeux et répétitif.
motifs : éléments de décoration.
moulage : reproduction d'un objet à partir d'un moule.
mousse (30, 145) : très jeune marin.
mousse (54) : plante qui forme une espèce de tapis vert dans les bois, sur les murs, les toits...

(poisson) naturalisé : poisson mort qui a l'apparence d'un poisson vivant grâce à un procédé de conservation.
navet : légume dont on mange la racine.
navire : bateau.
(tomber) nez à nez : se trouver soudain en face de quelqu'un.
nom d'une pipe ! (familier) : exclamation (exprime ici un désaccord).
notaire : officier public qui reçoit et rédige les contrats, les actes pour leur donner un caractère d'authenticité.
nouer : attacher en faisant un nœud.
numéro (102) : partie d'un spectacle.

obscur : difficile à comprendre, mystérieux.
(instruments) optiques : outils servant à mesurer à distance ou à améliorer la vision des choses lointaines.
original (4, 55) : objet unique, authentique (par opposition à une copie).
original (51) : personne au comportement bizarre, différent des autres.
« *ours* » (familier) : solitaire.
ouvrage : livre.

pagode : temple des pays d'Extrême Orient.
pâlir : devenir pâle à cause d'une émotion.
pancarte : plaque en bois (ou en métal) portant des indications.
panneau : plaque (en bois ou métal) portant des indications.
(y a-t-il un lien de) parenté... ? : est-ce la même famille... ?
paroissiens : personnes qui viennent régulièrement dans la même église.
pêche artisanale : pêche pratiquée par quelques pêcheurs, sur de petits bateaux, en opposition avec *les « gros »* (familier) : les industriels de la pêche.
personnifiée : qui a une forme humaine.
perspicace : intelligent.
(la) perspective de : l'idée de.
phare : tour portant un puissant éclairage servant à guider les bateaux la nuit.
piétonnière : pour les gens qui circulent à pied, interdite aux voitures.
piquette (familier) : mauvais vin.
poliment : en respectant les règles de politesse.
pompiste : personne qui vend de l'essence.
pondre : déposer des œufs.
pont (92) : partie supérieure d'un bateau.
pont-levis : pont qui peut se relever.
portrait : peinture, dessin ou photo d'une personne.
prêtre : personne chargée de dire la messe (religion catholique).
(être) prévoyant : penser à ce qui peut arriver.
principe suprême/prince de l'énergie vitale : croyances de la secte (présentée ici avec humour).
prudent : sage, habile.
PTT : postes (télécommunications et télédiffusion).

rayons : étagères où sont classés les livres.
rebrousser chemin : retourner en arrière.
réceptionniste : personne qui accueille les clients d'un hôtel.
réfectoire : salle à manger pour les membres de la communauté.
registre : livre où sont inscrits les renseignements que l'on veut garder.
remparts : grands murs qui entourent un château ou une ville.
restauration : réparation d'objets anciens.
retraite : période (souvent après 60 ans) pendant laquelle on ne travaille plus ; pension (argent) que le retraité reçoit chaque mois.
robe de chambre : vêtement d'intérieur.
rocher : bloc de pierre.
ronces : plantes avec des épines.
ronchonner : exprimer son mécontentement à voix basse.
ruines : ce qui reste d'un bâtiment qui a été détruit ou qui est très vieux.

sabot : chaussure creusée dans du bois.
sabre : arme avec une lame plus ou moins recourbée.
Sacrilège ! : exclamation qui veut dire que vous avez commis une action contre quelque chose de sacré.
sain : bon pour la santé.
saisir : prendre avec les mains.
salle des ventes : où l'on vend des objets à celui qui offre le plus.
scellée : fermée avec de la cire rouge.
schéma : dessin, graphique.
secte : petit groupe organisé de personnes qui ont la même religion.
séjourner : rester quelque temps.
sirène : personnage fantastique vivant dans la mer, représenté avec le haut d'un corps de femme et une queue de poisson (à la place des jambes).
(vous êtes) soupçonné(e) : on croit que vous êtes coupable.
soupirail : petite ouverture donnant de la lumière (au sous-sol).
squelette : ensemble des os qui constituent le corps.
statuette : petite statue.
stupéfait(e) : très étonné(e).
(être) superstitieux : voir des signes positifs ou néfastes dans certains faits (signes qui peuvent influencer l'avenir).

taille (69) : partie du corps (entre les côtes et les hanches).
taille (151) : hauteur.
tambourin : instrument de musique (peau tendue sur un cercle en bois).
tartine beurrée : tranche de pain recouverte de beurre.
temple : construction consacrée à un dieu.
testament : document par lequel une personne déclare ses dernières volontés* et lègue ses biens* à un héritier*.
tombe : endroit où est enterré un mort (généralement recouvert d'une dalle en pierre ou en marbre).

tortueux : qui fait des détours, qui n'est pas direct.
trappe : sorte de porte qui s'ouvre sur le sol et donne accès à une cave.
trophée : témoignage d'un succès, souvenir d'une victoire.
Tribunal révolutionnaire : groupe de personnes qui jugeaient les ennemis de la Révolution.
(chacun son) truc (familier) : chacun à quelque chose qui le passionne.
tuba : instrument de musique à vent.
tunique : vêtement long et droit.
type (familier) : homme.

vaguement : à peu près, de façon peu précise.
vénérée : adorée.
version des faits : façon de raconter ce qui est arrivé.
verso : dos d'une feuille (s'oppose à recto).
vitrail(aux) : assemblage de morceaux de verre de différentes couleurs.
vitrine : meuble avec des vitres pour exposer les objets d'art.
vocation : goût, attirance personnelle.
(dernières) volontés : souhaits que l'on exprime avant de mourir.

zigoto (familier) : personne, individu (plutôt bizarre).

ALLIANCE  FRANÇAISE

HACHETTE

les publications de l'Alliance française
animées par Louis Porcher

COLLECTION
à vous de lire
Ph. Greffet, L. Porcher

Le plaisir de lire et d'écouter les grands textes de la littérature française.
- livre et cassette
- plusieurs titres parus :
  à vous de lire 1 : contes et nouvelles
  à vous de lire 2 : nouvelles et extraits de romans
  à vous de lire 3 : poèmes
  à vous de lire 4 : textes sur la Révolution française
  à vous de lire 5 : textes sur la tour Eiffel

COLLECTION
débats
Ph. Greffet, L. Porcher

Le point sur les grands problèmes actuels de la diffusion du français.

Titres parus :
- enseigner-diffuser le français : une profession
- le français et la modernité (3e Biennale de l'Alliance française à New Delhi, en 1987)

Imprimé en France. Dépôt légal 2353/03/1989. Collection 31. Édition n° 1. 15/4751/2